İSTANBUL-1427 / 2006

HÖHEPUNKTE MENSCHLICHER ZIVILISATION

DAS STIFTUNGS- UND SPENDENWESEN IM ISLAM

Osman Nûrî Topbaş
Höhepunkte menschlicher Zivilisation:
Das Stiftungs- und Spendenwesen im Islam
Türkischer Originaltitel: Vakıf, İnfak, Hizmet (1.Teil)
Deutsche Bearbeitung: Hüseyin Inam, Abd al-Hafidh Wentzel

ISBN
9944-381-65-9

Herausgegeben von:

Erkam Verlag
İkitelli Organize Sanayi Bölgesi
Turgut Özal Cd. No: 117/2
İkitelli, Istanbul, Türkei
Tel: 0090 212 6710700
Fax: 0090 212 6710717
E-Mail: erkam@altinoluk.com
Website: http://www.altinoluk.com

Covergestaltung: Altinoluk Graphics
Satz: Altinoluk Graphics
Druck: Erkam Druckerei

Bestelladresse in Deutschland:
Erkam Buchhandlung
Berliner Str. 39
51063 Köln
Tel.: 0221 93 89 019-20
Fax: 0221 93 89 021
E-Mail: altinoluk.avrupa@netcologne.de

INHALTSVERZEICHNIS

VORWORT

Lobpreis sei Allah, dem All-Gnädigen und All-Barmherzigen, für die unermeßliche Ehre, die Er uns – Seinen hilflosen und bedürftigen Dienern – durch die Segnungen des Glaubens erwiesen hat.

Segenswünsche und Friedensgrüße gebühren dem bis in alle Ewigkeit Höchstgeehrten des Universums, der als Barmherzigkeit für alle Welten gesandt wurde, unserem Propheten Muhammad.

Die Essenz des Islam besteht im Glauben an die Einheit Allahs (*tauhîd*); seine wesentlichen Schwerpunkte im zwischenmenschlichen Bereich sind vorzügliches Benehmen, Rechtschaffenheit und Nächstenliebe. Die erste Frucht des Glaubens ist die Nächstenliebe. Ein Herz, das fern der Nächstenliebe sein Dasein fristet, ist ein totes Herz. Die *Basmala* und die Sure *al-Fâtiha* – die Ausgangspunkte eines jeden Segens – beginnen mit den Gottesnamen *ar-Rahmân* und *ar-Rahîm*, die beide der endlosen Barmherzigkeit und dem grenzenlosen Erbarmen Allahs Ausdruck verleihen. Die Lebensgeschichten der Propheten und der Heiligen sind voller Episoden, die von deren Nächstenliebe berichten. Eine der ausgereiftesten Erscheinungsformen der Nächstenliebe aber ist die Wohltätigkeit in Form von Spenden (*infâq*). Eines der ureigensten Ziele der Religion besteht darin, durch Formung des menschlichen Charakters möglichst feinfühlige, edle Menschen hervorzubringen, die fähig sind, in geistige Tiefen vorzudringen, um dadurch einen Zustand gesellschaftlicher Harmonie zu fördern. Ein solcher Reifeprozess ist nur möglich, wenn die Herzen Nächstenliebe und Herzenswärme empfinden; er kann allein durch deren edelste Ausdrucksformen, die reinigende Pflichtabgabe (*zakât*), wohltätige Spenden (*infâq*) und fürsorglichen Dienst (*hizmet*) verwirklicht werden. Nur durch Erfüllung dieser Aufgaben kann der Gottesdiener die bedeutendste Dankesschuld gegenüber seinem Herrn begleichen. Das größte Kennzeichen wahrer Liebe ist die Aufopferungsbereitschaft. Dabei empfindet der Liebende die Aufopferung für den Geliebten entsprechend dem Grad seiner Liebe als Genuß und erfüllende Lebensaufgabe. Aus diesem Grunde ist von einem Menschen, der ein gläubiges Herz besitzt, zu erwarten, daß er sich – um seines Schöpfers willen – aller Geschöpfe mit Herzenswärme und Nächstenliebe annimmt. In einer Zeit, in der Gefühle der Brüderlichkeit verkümmern, in der gesellschaftliche Harmonie und innerer Friede dahinschwinden, während gleichzeitig Haß und Feindseligkeit ständig zunehmen, bedarf es einer ernsthaften Mobilisierung für die Zwecke der Wohltätigkeit und Fürsorge. Bedauerlicherweise ist jedoch die Gesellschaft, in der wir heute leben, einerseits von sozialen und wirtschaftlichen Spannungen geprägt, während andererseits die überwiegende Mehrheit der Individuen einem materialistisch geprägten Lebensstil anhängt, so daß die Verwirklichung der Religion durch materielle Opferbereitschaft zu den am häufigsten vergessenen und vernachlässigten Obliegenheiten unserer Tage zählt. In Anbetracht dieser Situation ist das Erste, was uns in den Sinn kommt, die Wiederbelebung der Pflicht des *Zakât*-Gebens, sowie der wohltätigen Spenden und jener Einrichtungen, die sich der Nächstenliebe widmen: der wohltätigen Stiftungen.

Die Grundregeln des Islam, die den Rahmen unseres Lebens von der Wiege bis zum Grab bilden, müssen gemäß den Anforderungen und Bedürfnissen jeder Zeit stets auf Neue definiert werden. Wenn dies versäumt wird, kann es geschehen, daß man im Fluß der Zeit inmitten der Wogen der Gezeiten des Lebens nicht mehr erkennen kann, wie weit man sich von der edlen Handlungsweise des Islam entfernt hat und wie viele von den himmlischen Werten in den Herzen der Menschen verloren gegangen sind. Ein trauriges Beispiel dafür ist sicherlich die fast vollkommen in Vergessenheit geratene, *'Uschr* genannte, reinigende Pflicht-Abgabe auf landwirtschaftliche Erzeugnisse. Dieses Buch ist ein Ausdruck unseres Bedürfnisses, auf diese Themen einzugehen, um an einige der Grundprinzipien unserer Religion zu erinnern – besonders an jene, die auch finanzielle Aspekte betreffen, wie die wohltätigen Stiftungen und die *Zakât*. Gleichzeitig möchten wir dabei die gesellschaftliche Wirklichkeit, in der wir leben, anhand dieser Kriterien einer kritischen Bewertung unterziehen. Wir hoffen, mit Hilfe einer spirituellen Aktivierung für den Stiftungsgedanken sowie die Konzepte der *Zakât* und des *Infâq* ein Zusammenspiel von Hingabe, Begeisterung und geistiger Reife zu erzeugen, das zu einem Balsam für die Wunden unserer in einem Zustand äußerster materieller und spiritueller Bedrängnis lebenden Gesellschaft werden könnte. Historische Fakten sollen uns bei unserem Unterfangen als Maßstab dienen, anhand dessen wir uns selbst einer Gewissensprüfung unterziehen können. In der Tat hat das Osmanische Reich, das sich gezwungen sah, seine Weltanschauung gegen Angriffe aus der gesamten Welt zu bewahren und zu verteidigen, sechseinhalb Jahrhunderte lang standgehalten und Dutzenden verschiedener Volksgemeinschaften unterschiedlicher Religion, Sprache und ethnischer Zugehörigkeit ein Leben in Frieden, gesellschaftlicher Harmonie und Zufriedenheit ermöglicht. Zweifelsohne gehörten die Wohlfahrtseinrichtungen – an erster Stelle sicherlich die Stiftungen – zu den entscheidenden Gründen ihres Erfolges. In diesem Zusammenhang ist zu betonen, daß die Geschichte, die nichts anderes als die Ansammlung einer Fülle von Erfahrungen auf nationaler Ebene ist, das Wissensreservoir einer Volksgemeinschaft darstellt. Aus diesem Grunde sollte jede Nation aus dem reichen Erfahrungsschatz ihrer Geschichte schöpfen, um ihre zukünftigen Geschicke in die rechten Bahnen zu lenken. Wenn diese Geschichte voller beispielloser materieller und geistiger Triumphe und Erfolge ist, die den kommenden Generationen ein gewisses Maß an Selbstvertrauen vermitteln könnten, dann gilt dies sicher umso mehr. Einer der glänzendsten Aspekte unseres historischen Erbes auf dem Gebiet der Menschlichkeit und des kulturellen Fortschrittes ist sicher jenes Stiftungswesen, das vielen unserer Mitmenschen durch Wohltätigkeit, Wohlfahrt und geistige Erziehung neue Lebenskraft gespendet hat und darüber hinaus in lobenswerten Aktivitäten besteht, die allesamt dazu dienen, den Menschen mit den geistigen Eigenschaften auszurüsten, die zur Verwirklichung seines Schöpfungsziels notwendig sind. Unsere gesegneten Vorfahren haben tatsächlich die Erfordernisse bei der Versorgung bedürftiger Menschen so weit erfüllt, daß sie die Barmherzigkeit, die Liebe und die Wohltätigkeit für die Geschöpfe Allahs auf die hilflosen Tiere ausdehnen konnten. Bis heute hat die Menschheit nirgendwo sonst auf der Welt in dem Bereich ein solches

Niveau erreicht. Allein aus diesem Grunde gibt es sicher noch viele Lehren aus unserer glorreichen Geschichte zu ziehen. Sie verpflegten die psychisch Kranken, die sie mit hohem Anstand und Respekt als „verehrte Hilflose" zu bezeichnen pflegten, sogar mit Wildbret, behandelten sie mit Musiktherapie und demonstrierten so Stufen von Mitgefühl, Nächstenliebe und kulturellem Niveau, wie sie bisher wohl an keinem anderen Ort erreicht wurden.

Den Leprakranken, die von der Gesellschaft ausgegrenzt wurden, weil ihre Krankheit als ansteckend und gefährlich galt, wurde in der vom Stiftungsgedanken geprägten Zivilisation des Osmanischen Reiches die ausgestreckte Hand herzlicher Nächstenliebe gereicht, indem für sie unter dem Namen *Miskinler Tekkesi* (Konvent der Bedürftigen) Einrichtungen geschaffen wurden, die ihnen Verpflegung sowie jede nur denkbare Art von Fürsorge boten. Die Leistungen und Taten der Osmanen – die unter den Vordächern ihrer Gebäude feine Vogelhäuser anbrachten, damit die Vögel dort Zuflucht finden konnten, und die für verwundete Störche, die nicht rechtzeitig ihre Winterreise antreten konnten, Stiftungen errichteten – gebührend kennen zu lernen, ist für uns besonders deshalb wichtig, damit wir uns an ihrem Maßstab messen können.

Gleichzeitig bewiesen unsere Vorfahren bei ihrem Unterfangen, der Barmherzigkeit und der Liebe in der Stiftungstätigkeit und der Wohlfahrt einen idealen Rahmen zu verschaffen, größte Zurückhaltung, Feingefühl und Aufmerksamkeit, um Stolz und Ehrgefühl der Bedürftigen, Armen, Witwen und Waisen nicht zu verletzen. Das Aufstellen von „Spendensteinen" in den Moscheen diente dem Zweck, daß Spender und Empfänger der barmherzigen Gaben einander nicht begegnen mußten. Ein ebensolcher Ausdruck praktizierten Feingefühls bestand darin, das Essen, das an die Bedürftigen ausgegeben wurde, erst nach Einbruch der Dunkelheit zu verteilen, um jede Kränkung ihrer Ehre zu vermeiden. Diese Beispiele belegen eine Form vorzüglichen Benehmens, das beispielhaft für eine ideale Umsetzung von Barmherzigkeit und Liebe ist. Welch eine vorbildliche und unser heutiges Vorstellungsvermögen weit übersteigende, tiefe Empfindsamkeit zeigt sich darin, daß damals eine Stiftung gegründet werden konnte, die jene Güter erstattete, welche versehentlich von Hausangestellten zerbrochen oder beschädigt wurden, damit auch deren Herzen nicht durch den Zorn ihrer Arbeitgeber verletzt wurden! All diese Beispiele stellen wichtige Leitbilder für unser Leben dar, an die wir uns in unserer heutigen Zeit mit Nachdruck erinnern und die wir uns zueigen machen sollten. Dies wäre ein bedeutender Schritt dahin, die Würde und Ehre unserer Mitmenschen gebührend zu respektieren.

Dieses Wissen, dessen erhabene Schönheit und wahren Wert wir immer nur in dem Maße wahrnehmen können, in dem wir es selbst in unserem Leben, unserem Handeln und unseren Empfindungen verwirklichen, sollte uns heute – mit allen damit verbundenen idealen Vorbildern von Barmherzigkeit und Feinfühligkeit – Mahnung und Rechtleitung sein, damit wir endlich aufgerüttelt werden und aufwachen – denn genau das haben wir heutzutage dringend nötig.

Daß wir in diesem Buch historischen Beispielen reichlich Raum gewidmet haben, sollte nicht allein als Ausdruck unserer Loyalität oder Würdigung der Leistungen unserer gesegneten Vorfahren verstanden werden. Diese Darstellungen dienen vor allem dazu, uns Vorlagen zu bieten, deren Umsetzung in die Praxis unser Bemühen gelten sollte. Stiftungen sind auf dem Gebiet der Verwirklichung von Zuneigung, Mitgefühl und Nächstenliebe auf einer gesellschaftlichen Ebene – speziell in der von unseren Vorfahren praktizierten Form – lehrreiche Vorbilder für die Menschheit unserer Tage. Deshalb möchten wir uns in diesem Buch, gemeinsam mit unseren Lesern, zum Besuch einer historischen Ausstellung praktizierter Wohltätigkeit aufmachen. Möge unser allmächtiger Herr uns aus der Betrachtung dieser kostbaren Sammlung in gebührender Weise segensreichen Nutzen ziehen lassen! All diese Segen bringenden, erhabenen und schönen Hilfsdienste, von denen wir hier nur einige wenige Beispiele nennen können, werden natürlich erst durch aufopferungsvolle, vorbildliche Menschen möglich, die willens und bereit sind, solch fürsorgliche Dienste zu übernehmen. All die edlen Wohltaten und rechtschaffenen Werke erbringen ihr Resultat immer nur entsprechend dem Herzenszustand und der Reife derjenigen, die sie verrichten. Während Aufgaben, die in der Verantwortung fähiger, gut ausgebildeter und vortrefflicher Menschen liegen, in vollkommener Weise zu Ende geführt werden, finden Werke, die der Verantwortung unqualifizierter und unfähiger Menschen übertragen werden, mit tausendfachem Bedauern und Wehgeschrei ein trauriges Ende. Aus diesem Grund besteht fürsorglicher Dienst nicht nur in materieller Wohltätigkeit, sondern setzt Schulung und Charakterbildung qualifizierten Personals und vorbildlicher Führungspersönlichkeiten voraus. Die dabei zu vermittelnden Verhaltensregeln und Prinzipien beinhalten, neben den, für den hilfsbereiten Menschen unerläßlichen praktischen Fähigkeiten, Verständnis verschiedener Bereiche sichtbarer und verborgener Dinge, Wissen und Erkenntnis bezüglich der Rolle der Vernunft und des Herzens, sowie Kenntnisse des Diesseits und des Jenseits. Das heißt, die Ausbildung muß zu einer, sowohl den materiellen als auch den spirituellen Bereich betreffenden, Reife führen. Ziel dieser Schulung muß es sein, jene Personen, die bereit sind, sich der Unterstützung der bedürftigen Gottesdiener zu widmen, in die Lage zu versetzen, die ihnen Anvertrauten zu erhabenen und unendlich schönen Erfahrungen zu führen. Dafür müssen sie zu einer – einem Vogel mit seinen zwei Flügeln gleich – spirituell ebenso wie materiell gut ausgebildeten Elite engagierter und fähiger Persönlichkeiten erzogen werden. O unser Herr! Beschere uns solches Gelingen! An dieser Stelle möchte ich mich herzlich bei all denen bedanken, die beim Verfassen dieses Werkes mitgeholfen haben. Mein besonderer Dank gilt dabei M. Akif Günay, sowie den anderen uns geschwisterlich verbundenen Akademikern, die uns unterstützt haben. Ich bete für sie alle um die göttliche Anerkennung ihrer Verdienste als dauerhaft wirkende gute Tat durch Allah, den in Seiner Majestät Erhabenen! O Allah, der Du der wahre Herr des Weltenreiches bist! Mögen alle Erscheinungsformen der auf Deinem Wege erwiesenen Wohltaten, der Fürsorge, der Barmherzigkeit und der Nächstenliebe zu unerschöpflichen Schätzen für das Leben unserer Herzen werden.

Âmîn!

Osman Nûri Topbaş
Üsküdar 2000

Höhepunkte menschlicher Zivilisation

Die Stiftungen

DIE STIFTUNGEN

Stiftungen sind eine institutionalisierte Form kontinuierlicher Wohltätigkeit sowie ein Ausdruck von Barmherzigkeit, Nächstenliebe und Zuneigung zu den Geschöpfen um ihres Schöpfers willen. Sie stellen ein „Hingeben von Besitz für Allah" dar – ohne Veräußerung und Inbesitznahme – indem dieser Besitz zum dauerhaften Nutzen einem spirituellen Ziel gewidmet wird. Dabei ist es das Bestreben der Stifter, allen bedürftigen Geschöpfen in barmherziger und mitfühlender Weise großzügig Wohltaten zuteil werden zu lassen, um dadurch das Wohlgefallen des All-Erhabenen zu erlangen. Es ist ein grundlegender Bestandteil vollkommenen Glaubens, daß ein Gläubiger bereit sein sollte, seinen Besitz – und, wenn es sein muß, auch sein Leben – auf dem Wege Allahs, des in höchster Majestät Erhabenen, hinzugeben.

Im Heiligen Qur'ân heißt es dazu:

{*Die wahrhaft Gläubigen sind jene, die sich zu Allah und Seinem Gesandten bekennen und keinen Zweifel hegen und sich mit ihrem Besitz und ihrem Leben für Allahs Sache einsetzen. Dies sind die Wahrhaftigen.*}[1]

1. Qur'ân, 49:15

„Wenn ein Mensch stirbt, enden damit alle Verdienste seiner Taten, außer drei Dingen: einer wohltätigen Spende, die fortdauernden Nutzen bringt, nützlichem Wissen, das er hinterlassen hat, und einem frommen Sohn, der für ihn betet."
Sahîh Muslim, Wasiyya, 14

{*...die Gottesfürchtigen, die an das Verborgene glauben und das Gebet verrichten und von dem ausgeben, was Wir ihnen an Versorgung gewährt haben...*}[2]

{*Allah hat von den Gläubigen ihr Leben und ihr Vermögen dafür erkauft, daß ihnen der Paradiesgarten zuteil wird.*}[3]

{*Und unter den Menschen ist manch einer, der sich im Streben nach Allahs Wohlgefallen selbst hergibt.*}[4]

Der Islam, der das Diesseits als einen Ort der Vorbereitung auf das Jenseits und das Jenseits als Fortführung des Diesseits betrachtet, stellt im Hinblick auf das Verhältnis von Körper und Seele, des Materiellen zum Spirituellen, ein vorzügliches und vollendetes Gleichgewicht zwischen beiden Welten her. Auf diese Weise schafft er die sichersten Grundlagen für eine zufriedene, ausgeglichene und erfüllte Gemeinschaft.

Im breit gefächerten Bereich der Stiftungen finden sich vortreffliche Einrichtungen für die unterschiedlichsten Formen von Wohltätigkeit. Die fromme Stiftung verkörpert in schöner Weise die dem Islam eigene Herzenswärme und Barmherzigkeit gegenüber allen Geschöpfen. Im Heiligen Qur'ân wird uns geboten, von dem zu spenden, was wir am meisten lieben, um dadurch zu wahren Gläubigen heranzureifen, auf denen das göttliche Wohlgefallen ruht.

---

2. Qur'ân, 2:2-3
3. Qur'ân, 9:111
4. Qur'ân, 2:207

Für den Menschen stellen „Leben“ und „Besitz“ die beiden kostbarsten und wichtigsten Dinge in dieser Welt dar. Der Erwerb des Paradieses und die Ehre des göttlichen Wohlgefallens werden nur dem zuteil, der diese beiden Dinge für Allah hingibt. Deshalb bezeichnet man gelegentlich jene, die ihr gesamtes Hab und Gut sowie ihr eigenes Leben freigiebig auf dem Wege Allahs opfern, als „menschliche Stiftung“. Und zweifellos verdienen solche Menschen, die sich mit allen zur Verfügung stehenden Mitteln dem Guten widmen, ein derartiges hohes Lob.

Sie nehmen eine der wichtigsten Aufgaben für den Erhalt von gesellschaftlicher Harmonie und innerem Frieden wahr, zumal sich ihre Dienste und Aktivitäten zum Wohle der Gemeinschaft im allgemeinen nicht auf die Zeit ihres irdischen Daseins beschränken, sondern durch die Gründung entsprechender Einrichtungen weit darüber hinaus wirken. Die höchsten Ränge unter ihnen nehmen die Propheten ein, sodann die Heiligen und jene Gläubigen, die unter deren Anleitung zur Vollkommenheit gelangt sind. Sie haben die ihren Herzen innewohnende Begeisterung für den Glauben in alle vier Himmelsrichtungen getragen und ihre vortrefflichen Taten füllen goldgeschmückte Seiten unserer Geschichtsbücher.

Daß unsere Gegenwart aus gesellschaftlichen und wirtschaftlichen Gründen Schauplatz tausendundeiner innerer Unruhen ist, liegt unter anderem daran, daß viele der alten, materiell gut ausgestatteten Stiftungen heruntergewirtschaftet und schließlich aufgelöst wurden, während die später gegründeten nicht in der Lage sind, den Anforderungen gerecht zu werden. Um diesen Mangel auszugleichen, bedarf es heutzutage der Spendenbereitschaft großzügiger Gönner, weil die Verantwortung für diese Aufgaben zuallererst in den Händen der Begüterten liegt.

O Besitzer von Geld und Gut, O Besitzer von Grund und Boden, wo ist wohl deren erster Besitzer? Geld und Gut sind Trug, auch Grund und Boden sind Trug, und du vertust nur deine Zeit! ***Yûnus Emre***

In einem Prophetenwort heißt es:

> „Wenn ein Mensch stirbt, enden damit alle Verdienste seiner Taten, außer drei Dingen:
>
> – einer wohltätigen Spende, die fortdauernden Nutzen bringt,
>
> – nützlichem Wissen, das er vermittelt hat, und
>
> – einem frommen Sohn, der für ihn betet."[5]

Die Gelehrten des Islam haben erklärt, daß mit dem Begriff der „wohltätigen Spende, die fortdauernden Nutzen bringt" (*sadaqat al-jâriyya*) in erster Linie die Stiftungen gemeint sind. Eine solche *Sadaqat al-jâriyya* bedeutet, zum Wohlgefallen Allahs ein Werk zu hinterlassen, das auf Dauer einen wohltätigen Zweck erfüllt.

Manche Bäche und Quellen rinnen sprudelnd seit der Erschaffung der Welt mit dem Klang ihrer klaren, eindringlichen Melodie dahin. Indem sie bis zum Tage der Auferstehung kühlend und mit süßem Geplätscher dahin fließen, spenden sie der dürstenden Brust neues Leben, leidvollen Herzen Hoffnung und Freude und inspirieren die in Liebe entbrannten Seelen. Deshalb verglich der Gesandte Allahs – Segen und Friede seien auf ihm – manche Art von guten Werken mit einem solchen fließenden Gewässer. Doch jener, vom Propheten – Allah segne ihn und schenke ihm Frieden – erwähnte Fluß ist noch um ein Vielfaches besser als jedes irdische Gewässer, denn er fließt nicht nur bis zum Jüngsten Tag,

{Das Gleichnis derer, die ihr Vermögen auf dem Wege Allahs ausgeben, ist wie das eines Samenkorns, das sieben Ähren wachsen läßt: in jeder Ähre hundert Körner. Und Allah vervielfacht, wem Er will. Und Allah ist allumfassend, all-wissend.}
Qur'ân, 2:261

5. *Sahîh Muslim*, *Wasâyya*, 14

sondern bis in alle Ewigkeit. Er ist ein ständig sprudelnder, dem Gottesdiener Fürbitten und Verdienst einbringender Quell der Wohltaten. Mit seinem Sprudeln bringt er seinem Stifter ununterbrochenen Zugewinn im Buch seiner guten Taten, speist das Becken seiner rechtschaffenen Werke und hüllt ihn in ein Meer von Licht. Genau dies beschreibt der Begriff *Sadaqat al-jâriyya*: eine wohltätige Spende, die fortdauernden Nutzen bringt.

Stiftungen sind Institutionen der Barmherzigkeit, der Herzenswärme und der Liebe für die Geschöpfe um ihres Schöpfers willen.

Allah der Erhabene hat die Welt und alles, was darin ist, der Befehlsgewalt des Menschen unterstellt und ihm so die Verantwortung dafür verliehen. Nachkommenschaft, Hab und Gut, Grund und Boden, sowie seine Gesundheit, sind ihm in diesem Sinne anvertrautes Gut. Der Mensch ist verpflichtet, diese Gaben sorgfältig zu schützen. Der einzige Weg, die göttliche Barmherzigkeit und Seinen Segen zu erlangen, besteht darin, die Schöpfung zu bewahren, wie es ihr gebührt, und sie in einer Art zu nutzen, die dem Wohlgefallen ihres ursprünglichen und eigentlichen Besitzers, Allahs des Allmächtigen, entspricht. Denn aller Besitz gehört, wie Yunus Emre in schöner und treffender Weise sagt, in Wirklichkeit Allah:

> *O Besitzer von Geld und Gut, O Besitzer von Grund und Boden,*
>
> *wo ist wohl deren erster Besitzer?*
>
> *Geld und Gut sind Trug, auch Grund und Boden sind Trug,*
>
> *und du vertust nur deine Zeit.*

Dem Gottesdiener wurde die Nutznießung der Dinge dieser Welt nur für eine kurze, festgelegte

Wenn die im Dienste der Wohltätigkeit Tätigen das Stiftungsgut nicht in gebührender Weise verwalten und mit dem Stifter kein Einvernehmen erzielt werden kann, bleiben Rechenschaft und Urteil schließlich dem göttlichen Richtspruch vorbehalten.

Zeit gegeben. Deswegen gehört es zu den Bedingungen vollkommenen Mensch-Seins, in dem Bewusstsein zu leben, daß alles Vermögen nur ein anvertrautes Gut ist. Aus dieser Perspektive ist eine Nutzung von Vermögen, ohne die Maßgaben für wohltätige Spenden zu beachten, ein Verrat an der übertragenen Verantwortung. Ebenso wie ein solcher Verrat im Jenseits Strafe nach sich ziehen wird, führt er offensichtlich im Diesseits, sowohl im individuellen als auch im gesellschaftlichen Bereich, zu zahllosen Unruhen und Schwierigkeiten. Folglich sind wohltätige Abgaben der beste Weg, um einerseits zu verhindern, daß die Profitgier wie ein Krebserreger den inneren Frieden und die gesellschaftliche Harmonie zerfrißt, und um andererseits den Nährboden für Argwohn und Feindseligkeit zwischen den einzelnen Mitgliedern der Gesellschaft zu entziehen.

Die Begüterten sollten nie den Gedanken verdrängen, daß sie selbst genau dort stehen könnten, wo die Leidenden und Bedürftigen stehen. Aus diesem Blickwinkel betrachtet, sollten sie sich im Rahmen ihrer Möglichkeiten bemühen, an der Mobilisierung wohltätiger Hilfsdienste teilzunehmen, denn solches Handeln drückt gegenüber Allah dem Erhabenen aktiven Dank für all die Gaben aus, die Er uns zuteil werden läßt.

Der wahre Segen guter Werke, die auf dem Wege Allahs und im Trachten nach Seinem Wohlgefallen verrichtetet werden, hängt vor allem von der Absicht und Aufrichtigkeit ab. Wichtig ist, daß diese Taten im Geiste der Aufrichtigkeit und Gottesfurcht vollführt werden. Denn Allah der Erhabene vergilt selbst die kleinsten guten Werke, die im Trachten nach Seinem Wohlgefallen verrichtet werden, mit großen Segnungen. So heißt es in einem Vers aus dem edlen Qur'ân:

{*Das Gleichnis derer, die ihr Vermögen auf dem Wege Allahs ausgeben, ist wie das eines Samenkorns, das sieben Ähren wachsen läßt: in jeder Ähre hundert Körner. Und Allah vervielfacht, wem Er will. Und Allah ist all-umfassend, all-wissend.*}[6]

Allahs Gesandter – Segen und Friede seien auf ihm – sagte:

> „Wer um Allahs willen eine Moschee errichtet, dem errichtet Allah eine Heimstatt im Paradies.“ [7]

Einer der nützlichsten Aspekte der Stiftungen besteht darin, daß sie die Wohlhabenden davor bewahren, in Verschwendungssucht und Ausschweifung zu verfallen. Das wahre Ziel jeder Stiftungsgründung sollte jedoch das Erlangen göttlichen Wohlgefallens und jenseitiger Glückseligkeit sein. Von Anbeginn wurden die Stiftungen auf diesem Fundament begründet und anschließend in dieser Form weitergeführt, wobei als Stiftungszweck präzise *„at-taqarrub ilâ-Llah“* (das Erstreben der Gottesnähe) formuliert wurde und dies als unerläßliche Heilsvoraussetzung für eine Stiftung betrachtet wurde.

6. Qur'ân, 2:261
7. *Sahîh Muslim, Masâjid*, 24

„Wer auch immer gegen die Grundregeln der Stiftung verstößt oder diese verändert, über den möge der Fluch Allahs, der Propheten, der Engel, der Menschen und der ganzen Schöpfung kommen!“

Aus einer Stiftungssatzung des Sultân Fâtih Mehmet

Unter diesem Gesichtspunkt ist es notwendig, sich der speziellen Charakteristika der Stiftungen auf empfindsame Weise bewußt zu sein und mit diesem von Allah anvertrauten Gut besonders sorgfältig umzugehen. Im Verlauf der Geschichte ist dies stets mit großem Fingerspitzengefühl getan worden – während verantwortungsloser Umgang mit dem Anvertrauten unausweichlich ein böses Ende zur Folge hatte. So stellte die Kamelstute, die dem Propheten Sâlih – Friede sei mit ihm – als göttliches Wunder gesandt wurde, eine Art Stiftungsgut dar, das niemand anderem außer Allah, dem majestätisch Erhabenen, gehörte. Als Quell ununterbrochen fließender Milch war sie den Menschen von großem Nutzen. Das frevelhafte Volk jedoch vernichtete durch Tötung der Kamelstute dieses anvertraute Gut, woraufhin es selbst durch göttliche Strafe ein schreckliches Ende fand.[8]

Auch folgende, im Volksmund überlieferte Geschichte, die vom Propheten Sulaymân – Friede sei mit ihm – und einem Spatzen handelt, vermittelt eine ähnliche Lehre:

Eines Tages schalt der Prophet Sulaymân – Friede sei mit ihm – seinen Spatzen mit kränkenden Worten. Daraufhin drohte der Spatz Sulaymân:

„Ich werde dein Sultanat vernichten!"

Sulaymân – Friede sei mit ihm – antwortete:

„Seid barmherzig gegenüber denen, die auf Erden sind, dann ist euch Der barmherzig, der im Himmel ist!"
Tirmidhî, Birr, 16

8. Anm. d. Übersetzers: Im Qur'ân (7:73-79) wird berichtet, daß das Volk der Thamûd, zu dem der Prophet Sâlih gesandt worden war, von einem Erdbeben vernichtet wurde.

„Wie willst denn du, mit deinem winzigen Körpergewicht, mein Reich zunichte machen?"

Da antwortet ihm dieser kleine Vogel:

„Ich werde meine Flügel anfeuchten und sie dann über den Boden des Geländes einer wohltätigen Stiftung streichen. Dann werde ich die Erde, die an meinen Flügeln haftet, auf das Dach deines Palastes tragen. Das Gewicht dieser Erde, die ich so herbeischaffen werde, wird genug sein, um dafür zu sorgen, daß dein Palast zusammenbricht!"[9]

Diese Geschichte sollte uns lehren, wie feinfühlig und sorgfältig man mit Stiftungsgut umgehen muss.

Unter den Aussprüchen unserer Geistesgrößen findet sich der weise Rat: „Hütet euch vor den W's, fürchtet ihre Bürde!" Mit diesen „W's" ist folgendes gemeint: Grundlos mit Worten wie „*wa-Llahi*" bei Allah zu schwören, zu einem *Wâli* (Governeur, Präfekt) zu werden, der seiner Verantwortung und seinen Aufgaben nicht gerecht wird, zu einem *Wâsî* (Testamentsvollstrecker, Treuhänder) zu werden, der seine Pflicht nicht erfüllt, sowie die schwer lastende Verantwortung für das Vermögen eines *Waqf* (Stiftung), der seinen Zweck nicht erfüllt.

Diese Aussagen sollten jedoch nicht falsch verstanden werden. Es wäre sicher ein gewaltiger Fehler, wenn sich Personen, die die erforderlichen Mittel und Fähigkeiten besitzen, aus

Wahre Freundschaft besteht im Zusammenleben zweier, von einander verschiedener Wesen, so daß sie einen Herzens sind. Beispielhaft dafür sind die Muhajirûn und Ansâr. Der ehrwürdige Jâbir berichtete von ihnen: „Mir ist kein einziger aus dem Kreise der begüterten Muhajirûn und Ansâr bekannt, der keine Stiftung initiiert hätte."

9. Anm. d. Übersetzers: Indem die Erde, die der Stiftung gehört, so zu einem – unrechtmäßigen – Bestandteil des königlichen Palastes wird, was den göttlichen Zorn erregt, so daß der Palast zerstört wird.

Furcht vor Verantwortung von der Gründung wohltätiger Stiftungen fern halten würden. Mit dem Hinweis „fürchtet ihre Bürde!“ soll nur zum Ausdruck gebracht werden, wie wichtig es ist, daß die Rechte der Klientel all dieser Einrichtungen sorgfältig gewahrt und die Stiftungsgüter verantwortungsbewußt gehütet werden. Denn wohltätige Stiftungen sind bewegliches oder unbewegliches Eigentum Allahs, dessen Nutzen den Bedürftigen der Gemeinschaft zugute kommen soll. Das bedeutet, daß ein gestiftetes Gut den Besitz seines Eigentümers verlässt, ohne daß es jedoch verkauft, ausgegeben oder vererbt werden darf. Damit stets im Gedächtnis bleibt, wie wichtig es ist, dieses Stiftungsgut im Sinne der festgelegten Zielsetzung zu nutzen, beginnt die *Waqifnâme* genannte Stiftungsurkunde meist mit einem Bittgebet um Segen, während an ihrem Ende die Drohung mit einem Fluch steht. Das Bittgebet gilt jenen, die ihren Aufgaben im Rahmen der Stiftung aufrichtig und mit ganzem Bemühen nachkommen. Der Fluch soll jene treffen, die ihre Aufgaben, wie sie in der Stiftungssatzung definiert sind, nicht erfüllen, das heißt für jene, die der Stiftung Übel oder Schaden zufügen. Gegenüber solchen Personen wird häufig folgender Fluch zitiert, den schon Sultân Muhammad Fâtih Khân in der Stiftungsurkunde der Hagia Sophia benutzt.:

„Wer auch immer gegen die Grundregeln der Stiftung verstößt oder diese verändert, über den möge der Fluch Allahs, der Propheten, der Engel, der Menschen und der ganzen Schöpfung kommen!“

Ein friedvolles und harmonisches Zusammenleben ist auf Dauer nur durch den selbstlosen Einsatz jener Menschen möglich, die sich wohltätig in sozialen Einrichtungen engagieren.

Diese Art von Verwünschung in den Stiftungsurkunden ist zur Abschreckung gedacht, denn wahre Gläubige, die um ihr ewiges Leben besorgt sind und die schmerzliche Strafe des Jüngsten Gerichts fürchten, wollen nicht von einem solchen Fluch getroffen werden und verhalten sich entsprechend vorsichtig.

Der sorgfältige Umgang bei der Verwaltung und Erhaltung der wohltätigen Stiftungen hat im Islam eine solch hohe Bedeutung, daß die von einem Stifter festgelegten Grundsätze als mit dem göttlichen Gesetz vergleichbar angesehen wurden. Der Leitsatz lautete: *„schart ul-wâfiqi ka-nassi schârî'î“*, das bedeutet, „die vom Stifter festgelegte Bedingung ist wie ein Quelltext des göttlichen Gesetzes.“ Das heißt: genauso, wie es undenkbar wäre, die Verse des Qur'ân zu ändern, ist auch eine Veränderung der durch den Stifter vorgegebenen Regeln unvorstellbar. Die Tatsache, daß eine große Zahl der vor Jahrhunderten gegründeten Stiftungen ohne Veränderung ihres Grundkonzepts bis in unsere Tage erhalten geblieben sind, ist dem Segen dieses grundlegenden Prinzips zu verdanken.

All jene Leihgaben, wie Hab und Gut und Nachkommenschaft, die der All-Erhabene uns anvertraut, ihrer Natur gemäß und im Streben nach dem Wohlgefallen Allahs, ihres wahren Eigentümers, zu behandeln ist das wichtigste Mittel, um göttliche Gnaden und Segnungen zu erlangen.

Der geschichtliche Ursprung der Stiftungen findet sich an den gemeinschaftlichen Gebetsstätten, von wo sich diese dann auf eine Vielzahl gesellschaftlicher Bereiche ausdehnten.

Gemäß einer Überlieferung geriet der ehrwürdige Prophet Ibrâhîm – Friede sei auf ihm – in einen Zustand spiritueller Verzückung, als er Zeuge wurde, wie der Erzengel Jibrîl – Friede sei mit

Die Stiftungen stellten bei den Osmanen Institutionen der Verbundenheit dar, die dem Volk das von ihm erworbene Vermögen zum Nutzen und Wohle aller zurückführten.

ihm – drei Mal in vollkommen demütiger Ehrerbietung Allah den All-Erhabenen lobpries. Daraufhin wollte Ibrahim ihm seine gesamte Schafherde zum Geschenk machen. Als Jibrîl ihm verriet, daß er ein Engel sei und das Geschenk nicht annehmen könne, veräußerte Ibrâhîm seine Herde und erwarb mit dem Erlös ein große Fläche, die er den Muslimen zur Nutzung überließ.[10] Demnach geht das Stiftungswesen auf den Propheten Ibrâhîm – Friede sei auf ihm – zurück.

Unser ehrwürdiger Prophet – Allah segne ihn und schenke ihm Frieden –, der als Barmherzigkeit für alle Welten und vorzüglichstes Vorbild für die gesamte Menschheit gesandt wurde, sagte:

> „Seid barmherzig gegenüber denen, die auf Erden sind, dann ist euch Der barmherzig, der im Himmel ist!“[11]

Er selbst legte durch sein beispielhaftes Handeln den Grundstein für das Stiftungswesen. Er ist, wie allgemein bekannt, auf allen Gebieten das vollkommene Vorbild für seine Gemeinschaft. So hat er auch seine sieben Dattelhaine in Medina al-Munawwara sowie seine Anteile an den Dattelgärten in Fadak und Khaybar auf dem Wege Allahs gestiftet. Als die vortrefflichen Gefährten dies sahen, begannen auch sie – im

---

10. Siehe Ismaîl Hakkı Bursevîs Qur'ânkommentar *Rûhu'l-Bayân*, II, 293. Mit „Muslime“ sind hier, entsprechend der ursprünglichen Wortbedeutung „Gottergebene“, d.h. die Gläubigen an den Einen Gott gemeint.
11. Tirmidhî, *Birr*, 16

Rahmen ihrer Möglichkeiten – ihre fruchtbaren Ländereien zu stiften. Daher sagte der ehrwürdige Jâbir – möge Allah mit ihm zufrieden sein:

„Mir ist kein einziger aus dem Kreise der begüterten *Muhajirûn* und *Ansâr*[12] bekannt, der keine Stiftung initiiert hätte.“[13]

Der ehrwürdige ´Umar – möge Allah mit ihm zufrieden sein – erhielt als Anteil an der Kriegsbeute von Khaybar ein schönes Grundstück mit Dattelpalmen. Im Traum wurde er in drei aufeinander folgenden Nächten immer wieder darauf hingewiesen, er solle dieses Grundstück für wohltätige Zwecke spenden. Daraufhin begab er sich zu unserem ehrwürdigen Propheten – Allah segne ihn und schenke ihm Frieden – und sagte:

„O Gesandter Allahs! Nun bin ich Besitzer eines Dattelhains von solchem Wert, wie ich ihn nie zuvor besessen habe. Rate du mir: was soll ich tun?“

Der Gesandte Allahs – Segen und Friede seien auf ihm – erwiderte:

„Wenn du möchtest, stifte den Besitz dieses Dattelhains für Allah. So wird er nicht mehr gekauft oder verkauft, weder verschenkt noch vererbt werden, und seine Erträge bleiben wohltätigen Zwecken vorbehalten.“

Echter Genuss des Vermögens beginnt damit, sein Eigentum vor sinnloser Verschwendung zu bewahren, der Mittellosen und Alleinstehenden zu gedenken und sich nicht von ihnen abzuwenden.

12. *al-Muhajirûn*, wörtl.: „die Auswanderer“, die von Mekka nach Medina ausgewanderten Gläubigen; *al-Ansâr*, wörtl.: „die Helfer“, die medinensischen Gläubigen, die die *Muhajirûn* nach deren Auswanderung aufnahmen und unterstützten.
13. Ibn Qudâma, *al-Mughnî*, V, 598

All jene Stiftungen, die den Bedürfnissen der heutigen und zukünftiger Generationen in Form von Moscheen, Schulen, Krankenhäusern, Kasernen oder Brunnen gerecht werden und deren Dienste aufrecht erhalten, sind Ergebnis einer wohltätigen Spende, die fortdauernden Nutzen bringt.

Auf diesen Rat hin gab ´Umar – möge Allah mit ihm zufrieden sein – den Dattelhain als wohltätige Stiftung hin. Viele von jenen, die auf dem Wege Allahs an Schlachten teilgenommen und gekämpft haben, sowie Sklaven, die nach Freilassung aus der Sklaverei strebten, unzählige Reisende und andere Bedürftige, haben von diesen Gärten profitiert.

Ein wichtiger Aspekt der Wohltätigkeit besteht darin, von Herzen gerade von jenen Dingen zu geben, die einem selbst am liebsten sind. Eines Tages versammelten sich die edlen Gefährten in der Prophetenmoschee und lauschten der segensreichen Unterweisung des Gesandten Allahs. Unser ehrwürdiger Prophet – Allahs Segen und Friede seien auf ihm – rezitierte dabei folgenden heiligen Vers:

{*Ihr werdet nicht Rechtschaffenheit erlangen, bis ihr von dem spendet, was ihr liebt. Und was immer ihr spendet, wahrlich, Allah weiß es genau.*}[14]

Als sie diesen Vers hörten, erfaßte die edlen Prophetengefährten – Allahs Segen und Friede seien auf ihm und ihnen allen – ein Zustand spiritueller Verzückung und sie begannen, sich zu fragen, welche ihrer wertvollen und heiß geliebten Besitztümer sie wohl spenden sollten, denn die Worte der Offenbarung, die ihnen der Prophet – Allah segne ihn und schenke ihm Frieden – verkündete, hatten sie tief in ihrem Innern berührt. Auf einmal erhob sich einer der Gefährten namens Abû Talha – möge Allah mit ihm zufrieden sein. Er besaß einen großen

14. Qur'ân, 3:92

Garten mit sechshundert Dattelpalmen, ganz in der Nähe der Prophetenmoschee, und er liebte diesen Garten sehr. Oft hatte er den Propheten – Allah segne ihn und schenke ihm Frieden – dorthin eingeladen und dieser hatte ihn und seinen Garten gesegnet. Abû Talha – möge Allah mit ihm zufrieden sein – sagte:

„O Gesandter Allahs! Allah, der majestätisch Erhabene, verkündet in Seinem Buch: {*Ihr werdet nicht Rechtschaffenheit erlangen, bis ihr von dem spendet, was ihr liebt.*} Am meisten liebe ich von all meinem Besitz jenen Dattelhain welcher *Bi'r Hâ* genannt wird. Hiermit stifte ich ihn Allah und Seinem Gesandten. Ich hoffe, daß mich mein Herr dadurch zu wahrer Rechtschaffenheit führen und mir durch ihn im Jenseits Unterhalt gewähren wird. O Gesandter Allahs, verfüge du von nun an darüber auf dem Weg, den Allah dir weist."[15]

Daraufhin ging er zu dem Garten, wo er seine Frau im Schatten eines Baumes sitzend fand. Er blieb außerhalb des Gartens stehen und seine Frau fragte ihn:

„O Abû Talha, warum wartest du dort draußen? Komm doch herein!"

Da antwortete ihr Abû Talha – möge Allah mit ihm zufrieden sein:

„Ich kann nicht hereinkommen und auch du solltest deine Sachen nehmen und herauskommen!"

Auf diese unerwartete Antwort hin fragte ihn seine Frau:

Die Osmanen, die einen großen Teil der Welt beherrschten und die historischen Ereignisse in entscheidender Weise prägten, gewährleisteten durch ihr Stiftungswesen inneren Frieden und gesellschaftliche Harmonie.

---

15. Siehe hierzu *Sahîh Bukhârî*, *Wasâyâ*, 17

„Warum denn, O Abû Talha? Ist es denn nicht unser Garten?“

„Nein“, sagte er, „von jetzt an gehört dieser Garten den Besitzlosen von Medina,“ und er rezitierte für sie die frohe Botschaft des soeben geoffenbarten Qur'ânverses und berichtete ihr, wie er daraufhin sofort diesen Garten gespendet hatte.

Seine Frau fragte:

„Hast du ihn in unserer beider Namen oder nur in deinem eigenen gespendet?“

„In unserer beider Namen“, antwortete Abû Talha – möge Allah mit ihm zufrieden sein.

Die Antwort seiner Frau auf diese Worte erfreute und beruhigte ihn zugleich, denn sie sagte:

„Möge Allah mit dir zufrieden sein, O Abû Talha! Ich habe oft an das Gleiche gedacht, wenn ich die Besitzlosen um uns herum sah, doch habe ich nie den Mut aufgebracht, es dir zu sagen. Möge Allah deine Spende annehmen! Ich verlasse jetzt den Garten und komme mit dir.“

Es ist nicht schwer, sich vorzustellen, welches Klima von Glück und Zufriedenheit diese Welt erfüllen würde, wenn jene Denkweise, die sich hier im löblichen Charakter Abû Talhas widerspiegelte, in den Seelen der Menschen Wurzeln schlüge.

Die Osmanen, die mit großer Entschlossenheit und Sorgfalt am Wege des Propheten und seiner edlen Gefährten – Allah segne ihn und sie und schenke ihnen Frieden – festhielten, brachten

Für ein Herz, das mit Erkenntnis gesegnet ist, sind Gottesdienst, wohltätige Werke und selbstloser Dienst kein Anlaß der Ermüdung, sondern köstlicher Genuss und Quell innerer Zufriedenheit und Kraft.

den bis in ihre Zeit wirkenden, gesegneten Tatendrang zur Gründung frommer Stiftungen zu neuer Blüte. Tatsächlich hat sich das Stiftungswesen sowohl quantitativ als auch qualitativ in keinem Zeitalter in solchem Umfang entfaltet wie unter der Herrschaft der Osmanen. Die Stiftungen stellten im Osmanischen Reich Institutionen der Verbundenheit dar, die dem Volk das von ihm erworbene Vermögen zum Nutzen und Wohle aller zurückführten. Sie entstanden dadurch, daß auf legitime Weise erworbene, über den persönlichen und familiären Bedarf hinausgehende, finanzielle Mittel dem Nutzen der Allgemeinheit zur Verfügung gestellt wurden, um auf diese Weise das Wohlgefallen Allahs zu erlangen.

Dabei genügte es ihnen nicht, nur die Bedürfnisse der Menschen zu berücksichtigen; die Nächstenliebe und Herzensgüte der Stifungsgründer erstreckte sich sogar auf die Tier- und Pflanzenwelt.

Damit demonstrierte dieses edle, in seinem Empfinden und seiner Lebenspraxis tief im Islam verwurzelte Volk der ganzen Welt die Bedeutung wahrer muslimischer Güte und Barmherzigkeit. Ein Netz von tausenden von Stiftungen umfing die gesamte Bevölkerung und ließ gleichsam keine ihrer Wunden unversorgt. Unter dem Motto des edlen Prophetenworts: „Der vorzüglichste unter den Menschen ist jener, der den Menschen am hilfreichsten ist“[16], haben die Osmanen mithilfe ihres Stiftungswesens zahllose bedeutsame und dauerhafte Werke hervorgebracht.

16. Suyûtî, *al-Jâmi´ as-Saghîr*, II, 8

Wie der Prophet – Allah segne ihn und schenke ihm Frieden – berichtete, wurde einer Sünderin, weil sie einem nach Wasser lechzenden Hund zu trinken gab, das Paradies zuteil.
Siehe Sahîh Muslim, Salâm, 153

„O mein Sultân! So wie Euer Großvater Sulaymân der Prächtige den Bewohnern Istanbuls von Istiranca Wasser herleiten ließ, sollte Ihr diesen Winter der Bevölkerung Istanbuls Brennholz aus den Wäldern Bolus zukommen lassen!"
Azîz Mahmûd Hüdâyî

Die Dienste und Aktivitäten der von den Osmanen ins Leben gerufenen Stiftungen waren äußerst vielfältig. Diese zu unterschiedlichen Zeiten gegründeten Einrichtungen, mit all ihren, regional auf verschiedene Schwerpunkte zum Wohle des Volkes ausgerichteten, unterschiedlichen Stiftungszwecken, sind ein beredter Ausdruck der Dynamik und Anpassungsfähigkeit dieses Systems.

Auch wenn es schier unmöglich ist, die gesamte Vielfalt und alle Betätigungsfelder der Stiftungen im Osmanischen Reich vollständig aufzuzählen und darzustellen, möchten wir – soweit es dieser Rahmen erlaubt – anhand einiger wichtiger Beispiele einen Überblick vermitteln. Zu den von Stiftungen übernommenen Aufgaben gehörte unter anderem:

- die Errichtung und Pflege von Freitagsmoscheen, Moscheen, Klöstern, Konventen und Mausoleen,
- Bildungseinrichtungen, wie Medressen (religiöse Schulen), spezielle Lehrstätten zum Studium des Qur'ân *(dâr al-huffâz)* sowie zum Studium der *Hadithe* *(dâr al-hadîth)*, u.ä.
- Armenküchen, Karawansereien, Herbergen, Badehäuser und der Service der Gesundheitsanstalten,
- Gebetsräume, Bibliotheken und Gästehäuser,
- Wassergruben, Wasserwege, Dämme, Kanäle, öffentliche Wasserhähne und Brunnen,
- Volksküchen, Pflegestationen für die Ernährung von Säuglingen mit Muttermilch, sowie die Betreuung von Kleinkindern,

- der Freikauf von Kriegsgefangenen und Sklaven,
- die Versorgung der Armen mit Brennholz,
- der Ersatz von Geschirr, wenn dieses von Bediensteten beschädigt wurde, damit sie von ihren Herren nicht beschimpft wurden,
- die Bereitstellung der Mitgift für Waisen-Mädchen,
- die Unterstützung von Verschuldeten bei der Rückzahlung ihrer Schulden,
- Hilfe für geschiedene oder verwitwete Frauen und Hilfsbedürftige,
- Bereitstellung von Essen und Kleidung für Schulkinder,
- die Übernahme des Begräbnisses von Armen und Alleinstehenden,
- die Ausrichtung von Feiern, um an den Festtagen Kindern und Alleinstehenden Freude zu bereiten,
- der Schutz älterer, alleinstehender Frauen.

Hinzu kommen noch viele weitere Stiftungen, die sich auf alle nur denkbaren Bereiche der Gesellschaft erstreckten und durch deren Zusammenwirken die Osmanen eine solche Fülle an Wohltaten und guten Werken hervorbrachten, daß ihr Reich als eine „Zivilisation der Stiftungen" erscheint. Tatsächlich könnte man die frommen Stiftungen als eines der hervorstechendsten Merkmale der osmanischen Zivilisation bezeichnen.

Diejenigen, in deren Herzen die flehentlichen Worte „Habt Mitleid mit uns!" keinen Widerhall finden, irren in diesem Leben, wie ein Reisender, der vergeblich sein Ziel sucht, umher. Wir versündigen uns, wenn wir Mitgefühl und wohltätige Dienste nicht unseren flüchtigen Wünschen und Begehrlichkeiten überordnen.

Angesichts der Not der Leidenden bedrückt ein Gefühl der Enge die Brust des mitfühlenden Menschen. Er tritt an ein Fenster, daß sich hin zur Wahrheit öffnet. Wer weiß, was er dort hört und sieht? Dies zeigt, daß aufrichtige und wahre Wohltätigkeit ein Meisterwerk der Herzensreife ist.

In diesem Zusammenhang möchten wir auf einen wichtigen Punkt hinweisen, der Aufschluß darüber gibt, wie sehr unseren Vorfahren ihre Religion am Herzen lag. Unter der allgemeinen Bezeichnung „Stiftungen der Beiden Heiligen Stätten“ wurden tausende Stiftungen gegründet, deren Wohltätigkeit den Städten Mekka al-Mukarrama und Medina al-Munawwara[17] und deren Besuchern zugute kam. Derartige Einrichtungen, die der Erhaltung gesellschaftlicher Harmonie, Ordnung und Wohlstand an den Heiligen Stätten dienten, existierten vielerorts, von Mitteleuropa bis nach Jemen. Ihre Arbeit wurde von einer speziell dafür zuständigen Verwaltung koordiniert. Zusätzlich zu den Einnahmen aus diesen Stiftungen pflegte jeder der osmanischen Sultâne mit der Karawane, die jährlich die reich verzierte Decke transportierte, mit der die *Ka'ba* umhüllt wird, welche in jenen Tagen in Istanbul gefertigt wurde, eine Vielzahl von Geschenken und Gaben für die Heiligen Stätten, sowie für deren Einwohner und die Bewohner der umliegenden Ortschaften zu senden. Diese *Surre Alayı*[18] genannte Tradition wurde bis zum Zusammenbruch des Osmanischen Reiches beibehalten. Im Laufe der Zeit sammelte sich so an den Beiden Heiligen Stätten

17. Mekka al-Mukarrama: Mekka, die Ehrwürdige; Medina al-Munawwara: Medina, die Erleuchtete.
18. *Surre Alayı*, wörtl. „Zug der Geldbörse“, jährlich, vor Beginn der großen Pilgerfahrt, im islamischen Monat Rajab vom Padischah von Istanbul aus nach Mekka und Medina entsandte Karawane, die großzügige Geschenke für die Heiligen Stätten sowie fromme Spenden für die dort lebenden Bedürftigen mit sich führte. (Siehe auch: Münir Atalar, *Surre-i Humâyûn ve Surre Alayları*).

eine große Menge kostbarer Geschenke an. Als während des 1. Weltkriegs Scharîf Husayn und seine Anhänger auf die Intrigen der Briten hereinfielen und sich gegen die Osmanen wandten, ließ der für die Verteidigung Medinas gegen deren Aufstand verantwortliche Fakhruddîn Pascha die wertvollsten Schätze (um sie vor der Plünderung zu bewahren) in Truhen packen und nach Istanbul schicken. Insgesamt kamen dabei über dreihundert Truhen zusammen, was einen ungefähren Eindruck davon vermitteln mag, in welcher Größenordnung sich die Geschenke der Osmanen allein für die Heilige Stätte Medinas bewegten.

Dem Beispiel der osmanischen Sultâne folgend haben viele Staatsmänner und begüterte Freunde der Wohltätigkeit zum Wohle dieser gesegneten und heiligen Orte Stiftungen gegründet, deren Dienste in der gesamten islamischen Welt Anerkennung und Dank gefunden haben.

❁

Ebenso bemerkenswert sind jedoch auch jene Stiftungen, die sich der Fürsorge älterer, alleinstehender Frauen widmeten. Um ihre Würde und ihr Ehrgefühl nicht dadurch zu verletzen, daß man sie zu Almosenempfängern degradierte, wurde ihnen gesäuberte, gewaschene und gekämmte Wolle gebracht, die sie zu Fäden spannen. Damit sie die ihren Lebensabend in Ruhe und Zufriedenheit genießen konnten, zahlten ihnen die Stiftungen dafür einen Lohn, der das für diese Arbeit übliche Entgelt weit überstieg. So wurde diesen alten Menschen, die niemandem zur Last fallen wollten, ermöglicht, ihren Lebens-

Es ist einfach, einen Bedürftigen zu erreichen, der uns seine Lage mitteilt. Wir sind jedoch verpflichtet, auch jene Notleidenden zu finden, die sich schämen, anderen ihre Situation mitzuteilen.

Ein mustergültiges Beispiel guten Benehmens und ausgeprägter Höflichkeit finden wir in der Sitte, eine rote Blume auf die Fensterbank zu legen, wenn einer der Hausbewohner krank ist, um so den Strassenhändlern und Kindern des Stadtviertels anzuzeigen, daß sie in der Umgebung des Hauses möglichst leise sein sollten.

unterhalt mit ihrer eigenen Hände Arbeit zu verdienen.

Das gesellschaftliche Verantwortungsgefühl erreichte im Reich der Osmanen ein solch hohes Maß, daß sie – wie bereits erwähnt – nicht nur Stiftungen für Menschen, sondern auch für Tiere, ja sogar für Pflanzen gründeten. Tatsächlich gab es zur Zeit der Osmanen Pflegezentren zur Behandlung verletzter Vögel sowie anderer kranker Tiere; und sogar für zurückgebliebene Störche wurde gesorgt. Die Unkosten dafür wurden von eigens zu diesen Zwecken gegründeten Stiftungen getragen.

In einem ähnlichen Zusammenhang bemerkt der Franzose Comte de Bonneval[19], der eine ganze Weile auf osmanischem Boden verbrachte und viele Dinge, die er während dieser Zeit sah, merkwürdig fand, voller Verwunderung:

„Im Land der Osmanen kann man verrückte Türken sehen, die Geld für Arbeiter stiften, damit diese täglich ertraglose Bäume bewässern, um sie vor dem Verdörren durch die Hitze zu bewahren."[20]

Da die Gründung wohltätiger Stiftungen ein Ausdruck geistiger Reife ist, tritt sie weit ausgeprägter in Gemeinschaften auf, die sich der

---

19. Claude-Alexandre Comte de Bonneval (1675-1747), französischer Adliger, Abenteurer und Militär, konvertierte 1729 zum Islam und wurde unter dem Namen Ahmet Pascha zum Militärberater des Osmanischen Reiches
20. Zitiert von İsmail Hami Danışmend in *Eski Türk Seciye ve Ahlakı* (Wesensart und Charakter der alten Türken).

Leitung und Spiritualität vollkommener geistiger Lehrmeister[21] verbunden fühlen, denn Selbstlosigkeit, Freigiebigkeit, Frömmigkeit und Aufrichtigkeit sind – im idealen Sinne – Ergebnisse eines seelischen Reifungsprozesses.

Im gesellschaftlichen Leben der Osmanen stellte die *Tekke*[22] als Zentrum geistiger Erziehung eine weit verbreitete Einrichtung dar. Sie war für das Volk gleichermaßen Herzstück einer mündlichen Überlieferungs-Kultur sowie Ort der Erziehung zu vorzüglichem Charakter. Der geistige Segen, der solchen Quellen entspringt, birgt in sich einen positiven Ansporn zur Gründung von Stiftungen sowie zur Ausbreitung gesellschaftlicher Solidarität und gegenseitiger Hilfe. Zahllose historische Dokumente belegen, daß viele derer, die ihre spirituelle Erziehung in dieser Art frommer Stiftungen genossen haben, später selbst die oben beschriebene Stufe einer „menschlichen Stiftung" erreicht und andernorts wiederum Stiftungen gegründet haben.

Dies geschah in solchem Maße, daß eine bedeutende Anzahl dieser Einrichtungen segensreicher Wohlfahrt – trotz aller Vernachlässigung und Widrigkeiten – bis heute weiterexistieren und noch immer einen entscheidenden Beitrag zur Heilung der Wunden der Gesellschaft leisten.

Habt besonders Mitleid mit folgenden Dreien:
1. Mit einem, der wohlhabend war und besitzlos geworden ist,
2. Mit einem, der Würde besaß und tief gesunken ist,
3. Mit einem, der unter den Toren bleibt, obwohl er zu den Herzensmenschen gehört.

---

21. *Murschid al-kâmil*, vollkommener (geistiger) Lehrmeister ist ein in der Terminologie der Sûfîs häufig benutzter Titel für den Ordensmeister (*Scheikh*) eines Sûfî-Ordens (*Tarîqa*).

22. *Tekke*, arab.: *Zawiyya*, Derwisch-Konvent, von einem Sûfî-Orden unter Leitung eines Scheikhs oder dessen Vertreters betriebene Einrichtung, die sowohl der spirituellen Erziehung als auch sozialen Zwecken dient.

Einer der Gefährten fragte den Gesandten Allahs – Segen und Friede seien auf ihm: „Welche Tat ist am gesegnetsten?" Er erwiderte: „Den Menschen zu essen zu geben, ganz gleich, ob du sie kennst oder nicht, und jedem den Friedensgruß zu entbieten, egal, ob du ihn kennst oder nicht."

In der Tat erinnern zahlreiche Moscheen, Brunnen, Militärgarnisonen, Krankenhäuser, sogar unsere Trinkwasserversorgung, sowie viele andere wohltätige Einrichtungen, an jene großzügigen Menschen, die uns dieses kostbare Erbe hinterlassen haben.

Bei den Osmanen besaß so gut wie jeder, vom Padischah bis zum einfachen Volk, ein Bewußtsein für Stiftungen und fühlte sich mit ihnen verbunden. Die vollkommenen geistigen Lehrmeister, die dem Volk den Weg wiesen, motivierten die Menschen bei jeder Gelegenheit, sich an dieser Form von Wohltätigkeit zu beteiligen. So empfahl der ehrwürdige Scheikh Azîz Mahmûd Hüdâyî in einem seiner Briefe dem Padischah Murad III.:

„O mein Sultân! So wie Euer Großvater Sulaymân der Prächtige den Bewohnern Istanbuls von Istiranca Wasser herleiten ließ, solltet Ihr diesen Winter der Bevölkerung Istanbuls Feuerholz aus den Wäldern von Bolu zukommen lassen!"

Die Osmanen, die lange Zeit einen großen Teil der Welt beherrschten und die historischen Ereignisse in entscheidender Weise prägten, gewährleisteten durch ihr Stiftungswesen inneren Frieden und gesellschaftliche Harmonie. Es waren diese Stiftungen, die dafür sorgten, daß Arme und Reiche, Kranke und Gesunde, Starke und Schwache – das heißt: so gut wie jeder – in einem Klima geistiger Verbundenheit und Brüderlichkeit zusammenlebten. Diese, vom Geist des Islam geprägte Gesellschaft, hatte – dank ihrer reichen Stiftungskultur – in hohem

Maße jenes Ideal „sozialer Gerechtigkeit" verwirklicht, das heutzutage erklärtes Ziel moderner „Sozialstaaten" ist. Aus diesem Grunde fehlte in der Literatur der Osmanen bis zur Zeit ihres Niedergangs das Genre der Romane. Der verstorbene Cemil Meric[23] beschreibt die Ursache des verspäteten Erscheinens von Romanen bei den Türken trefflich, wenn er sagt:

„Im Leben der Osmanen gab es eben keine Dramen, über die sich Romane hätten schreiben lassen!"

Obwohl das Christentum die Barmherzigkeit offiziell zum obersten religiösen Prinzip erklärt, waren wohltätige Stiftungen – Einrichtungen, die individueller Herzenswärme und Barmherzigkeit Ausdruck verleihen – im Westen niemals so verbreitet wie bei den Osmanen. Darüber hinaus kamen viele der in westlichen Ländern gegründeten Stiftungen erst auf Anregung oder durch Einfluß von Diplomaten zustande, die für einen gewissen Zeitraum als Abgesandte oder Botschafter im Osmanischen Reich das dortige Stiftungswesen kennen gelernt hatten. Dies geht deutlich aus den Biographien einiger dieser Gesandten (zum Beispiel den Memoiren des berühmten europäischen Gesandten Busberg[24]) hervor.

Ein wichtiger Aspekt der Wohltätigkeit im Rahmen der osmanischen Stiftungen war eine strikte Wahrung der Anonymität der Spender.

{Er erschuf den Tod und das Leben, damit Er euch prüfe, wer von euch in seinem Handeln der Beste ist; und Er ist der All-Gewaltige, der All-Verzeihende.}

Qur'ân, 67:2

23. Cemil Meric (1916-1987) war ein bekannter türkischer Schriftsteller und Gesellschaftswissenschaftler.
24. Augier Ghistan de Busberg war zur Zeit Sulaymâns des Prächtigen Abgesandter des Heiligen Römischen Reichs an die Hohe Pforte.

„Wenn ein Muslim einen Baum pflanzt, und Menschen, Tiere oder Vögel davon essen, dann wird all das, was sie davon gegessen haben – bis zum Jüngsten Tag – diesem Muslim als wohltätige Spende angerechnet."
Sahîh Muslim, Musâkât, 10

Dies bannte die Gefahr von Augendienerei und angeberischer Zurschaustellung auf Seiten der Gebenden, während es ihnen gleichzeitig den gewaltigen Segen der still im Verborgenen gesprochenen Bittgebete der Empfänger sicherte. Die Tatsache, daß ein Großteil der Wohltätigkeit sich im Umfeld der Moscheen und *Tekken* abspielte, trug zusätzlich dazu bei, den Glauben innerhalb der Bevölkerung zu stärken.

Eines der schönsten Beispiele dieses fürsorglichen Bewußtseins um die Bedeutung der Stiftungen findet sich in folgenden Zeilen einer Stiftungsurkunde seiner Exzellenz Sultân Fâtih Mehmeds:

„Ich, der Eroberer Istanbuls, der hilflose und bedürftige Diener Fâtih Sultân Mehmed, vermache hiermit meine im Palast-Viertel Istanbuls befindlichen 136 Geschäfte, deren Standorte und Grundstücksgrenzen hinreichend bekannt sind und die ich rechtmäßig durch meiner eigenen Hände Arbeit erworben habe, rechtsgültig, gemäß den unten genannten Bedingungen, einer Stiftung, für die Folgendes gelten soll:

Aus den Erträgen meiner Immobilien sollen auf jeder der Straßen Istanbuls jeweils zwei Personen beschäftigt werden. Diese sollen mit Behältern, in denen sich Kalksand und Asche befinden, zu bestimmten Tageszeiten die Straßen abschreiten und mit diesem Sand die Spucke bedecken, die auf die Straße gespuckt wurde, wofür ihnen ein Tageslohn von 20 Akce gezahlt werden soll.

Darüber hinaus bestimme ich die Beschäftigung von zehn Chirurgen, zehn Allgemeinmedizinern

und drei Spezialisten für Wundbehandlung, die im gesamten Stadtgebiet von Istanbul, an jeweils festgelegten Tagen, ohne Ausnahme an jede Haustür klopfen sollen, um nachzufragen, ob einer der Bewohner medizinische Hilfe benötigt. Wenn eine Heilung derart möglich ist, so soll er auf diese Weise behandelt werden. Wenn nicht, soll er – ohne daß dafür eine Gegenleistung verlangt wird – in eine Pflegeeinrichtung gebracht werden, wo dann für seine Besserung gesorgt werden soll.

Sollte einmal – möge Allah es verhüten – Lebensmittelknappheit herrschen, dann sollen die von mir für diesen Fall bestimmten 100 Schußwaffen an die dafür Zuständigen ausgegeben werden, womit diese – sofern dem nicht die Brut- oder Schonzeit der jeweiligen Wildtierarten entgegensteht – in den Wäldern auf die Jagd gehen sollen, damit es unseren Kranken um Himmels willen ja nicht an Nahrungsmitteln fehlen soll!

Darüber hinaus sollen die hinterbliebenen Angehörigen der Märtyrer und die Bedürftigen der Stadt Istanbul mit Essen aus der Armenküche, die sich auf dem Gelände der von mir errichteten Hochschule befindet, versorgt werden. Jedoch müssen sie nicht selbst dorthin essen kommen oder ihr Essen abholen, sondern es soll ihnen nach Anbruch der Dunkelheit, wenn niemand es sieht, in geschlossenen Behältern nach Hause gebracht werden!“

Wie hier deutlich wird, setzte Fâtih Sultân Mehmed, mit seinem ausgeprägten Bewußtsein für vorzügliches Benehmen (*adab*), Maßstäbe für den Umgang mit den schutz- und hilfsbedürfti-

Unsere Kinder sollten von klein auf in dem Bewußtsein heranwachsen, daß der wahre Eigentümer allen Besitzes Allah der Erhabene ist.

Unsere Zeit braucht Menschen mit Herz. Wer stürzt, bemerkt seinen Sturz nicht, wer fällt, ist sich seines Fallens nicht bewußt. Weil sie die wahre Glückseligkeit nicht kennen, halten Menschen ihr Elend für Glückseligkeit. Wie sollten denn auch Augen, die nie Licht gesehen haben, die Sonne erkennen?

gen Mitgliedern der Gesellschaft. Selbst für ein damals eher seltenes, unerfreuliches Verhalten wie das auf-die-Straße-Spucken, fand er eine geeignete Lösung. Während er einerseits anordnete, die Kranken zur Genesung mit Wildbret zu verpflegen, untersagte er zugleich die Jagd für die Zeit, in der die Tiere ihren Nachwuchs bekommen. Damit wahrte er, über sein mitfühlendes und barmherziges Verhalten gegenüber seiner Gemeinschaft hinaus, auch die Rechte der Tiere. Für die Menschen von heute ist es sicherlich lehrreich, daß vor über fünfhundert Jahren Maßnahmen gegen Umweltverschmutzung und die Zerstörung des ökologischen Gleichgewichts – Probleme, die heute den Blick in die Zukunft unserer Welt überschatten – getroffen wurden.

Welch unerreichtes Beispiel von Fürsorglichkeit bei der Wahrung von Würde und Ehrbarkeit der Bedürftigen und der Angehörigen von Märtyrern offenbart sich darin, daß ihnen das Essen von der Stiftung erst nach Einbruch der Dunkelheit und in geschlossenen Behältern bis nach Hause gebracht wurde!

Bereits ein Blick in die Stiftungsurkunden läßt erkennen, wie in der osmanischen Gesellschaft, die im besten Sinne von den Werten des Islam und deren tatkräftiger Verwirklichung durchdrungen war, die Menschen zu geistiger Reife gelangten, und wie sie sich – in einer für uns kaum mehr vorstellbaren Weise – in Barmherzigkeit und Solidarität miteinander verbunden fühlten. Der Inhalt der Stiftungsurkunden demonstriert, wie weit dieses Denken und die Empfindsamkeit für die Nöte anderer ausgeprägt waren;

deren gewissenhafte Umsetzung in die Praxis, spiegelt den Glanz dieser Zivilisation wieder.

Ein anderes mustergültiges Beispiel guten Benehmens und ausgeprägter Höflichkeit finden wir in der Sitte, eine rote Blume auf die Fensterbank zu legen, wenn einer der Hausbewohner krank ist, um so den Straßenhändlern und Kindern des Stadtviertels anzuzeigen, daß sie in der Umgebung des Hauses möglichst leise sein sollen, um den Kranken nicht zu stören. Das detaillierte Aufzählen derartiger Beispiele innerer Reife und Empfindsamkeit würde den Rahmen unseres Buches sprengen, weshalb wir uns mit den erwähnten zufrieden geben wollen.

Die genaue Anzahl wohltätiger Stiftungen im Osmanischen Reich ist schwer festzustellen, 26.300 sind jedoch definitiv dokumentiert[25] – eine Zahl, die den Umfang selbstloser Wohltätigkeit bei unseren Vorfahren deutlich macht und uns nachdenklich stimmen sollte.

Welch ein Glück wird dem zuteil, dem es gelingt, die ganze Welt um ihres Schöpfers willen in sein Herz zu schließen. Die wahre Kunst des Menschseins besteht darin, diese Weite und Aufnahmefähigkeit des Herzens zu verwirklichen.

---

25. Prof. Dr. Kazıcı schreibt dazu in *İslâmi ve Sosyal Açıdan Vakıflar*: „Wenn jemand im Osmanischen Reich eine Stiftung gründete, ließ er diese im zuständigen Büro des Katasteramtes in Istanbul eintragen, nachdem er die Stiftungsurkunde, in der die Stiftungsregeln festgelegt sind, beim zuständigen *Qâdî* hatte registrieren lassen. Diese Stiftungsurkunden, die Bestandteile des Registers des Katasteramtes waren, befinden sich heute im Archiv der Generaldirektur für Stiftungen in Ankara. In diesem Archiv befinden sich 26.300 Stiftungsurkunden. Jedoch erst wenn alle Rechtsregister (*Şer'iye Sicilleri*) und Amtsbücher (*Tahrir defterleri*) in den Gerichten der verschiedenen Regierungsbezirke durchstöbert würden, könnte man die tatsächliche Zahl der Stiftungen, die in der osmanischen Zeit gegründet wurden, annähernd einschätzen." (Prof. Dr. Kazıcı, *İslâmi ve Sosyal Açıdan Vakıflar*, S. 43 ff.)

{Wahre Frömmigkeit besteht darin, an Allah zu glauben, an den Jüngsten Tag, die Engel, an die Schrift und die Propheten und vom Besitz, obwohl man ihn liebt, den Verwandten, den Waisen, den Armen, dem Reisenden, den Bettlern und Sklaven zu spenden, das Gebet zu verrichten und die Zakât zu geben.}
Qur'ân, 2:177

Die von den Stiftungen wahrgenommenen Aufgaben erlangen in Zeiten, in denen der Staat von inneren oder äußeren Krisen erschüttert wird, stets eine besondere Bedeutung. Als das Osmanische Reich infolge des Türkisch-Russischen Krieges (1877-78) in Rumelien große Landstriche verlor und die verzweifelten Flüchtlinge und Verletzten zu Hunderttausenden nach Istanbul strömten, übernahmen bei deren Versorgung nicht der Staat, sondern die Stiftungen die entscheidende Rolle. Über einen langen Zeitraum waren sie es, die den Flüchtlingen Essen, Trinken und Unterkunft garantierten. In ähnlicher Weise waren es ebenfalls die Stiftungen, die in der Folge des Balkankrieges und in dem Chaos und der Not des Ersten Weltkrieges die wichtigsten Dienste leisteten. Es ist sicher nicht übertrieben zu behaupten, daß auf diese Weise Millionen von Menschen den begüterten osmanischen Stiftungen ihr Leben verdanken.

Das jüngste Beispiel dafür ist das große Erdbeben in der Marmara-Region am 17. August 1999, bei dem die Stiftungen lobenswerte Dienste leisteten, die der Bevölkerung unvergeßlich im Gedächtnis geblieben sind. Dennoch bestehen die ursprünglichen Aufgaben der Stiftungen nicht in der Bewältigung solch allgemeiner Notsituationen, sondern in der Versorgung von Bedürftigen und Hilflosen. Dies gilt auch in Zeiten, in denen der Staat stark genug ist, seine Aufgaben zu erfüllen und es der Bevölkerung gut geht.

Es ist wohl unbestritten, daß es selbst in Zeiten, in denen der Staat seinen Aufgaben gerecht wird und die Mehrheit der Bevölkerung in Glück und

Wohlstand lebt, nach wie vor Menschen gibt, die hilfsbedürftig sind und betreut werden müssen. Ein Beispiel hierfür sind die zur Blütezeit des Osmanischen Reiches von dem Großwesir (*Sadrâzam*) Sokullu Mehmet Pascha gegründeten Stiftungen. Der ursprünglich aus Serbien stammende Sokullu Mehmed Pascha, ein aufrichtiger Gläubiger und einer der erfolgreichsten Staatsmänner seiner Zeit, ließ damals sowohl in Rumelien als auch in Istanbul Moscheen und Medressen errichten und stiftete Trinkwasserbrunnen und andere wohltätige Einrichtungen.[26] Aufschlußreich sind auch folgende Bestimmungen in einer der Stiftungsurkunden des Evliya Celebi:

„Wenn mitten in der Nacht Reisende aus den Provinzen ankommen, so möge man die Türen öffnen und sie hereinlassen. Man möge ihnen von dem, was gerade vorhanden ist, zu essen geben. Und selbst wenn die Welt untergeht, soll man niemanden weiterziehen lassen! Unter allen Umständen möge man ihnen eine Schlafstätte und Nachtruhe zukommen lassen. Wenn dann am Morgen die Zeit gekommen ist, sie zu verabschieden, mögen die Hausherren wie die Marktschreier rufen:

„O Gemeinde Muhammads! Sind euer Besitz, eure Gesundheit, eure Reittiere und eure Kleider in Ordnung? Habt ihr noch ein Bedürfnis?“

Unser Dasein wird – entsprechend dem Maße unserer Opferbereitschaft und unserem wohltätigen Dienst – auch nach unserem vergänglichen Leben weitergehen.

---

26. Zu den Stiftungen Sokullu Mehmed Paschas, die bis heute erhalten sind, gehören zwei große Istanbuler Moscheen, die eine liegt, mit einem außergewöhnlich schönen Trinkbrunnen versehen, neben der Azapkapı, die zweite ist die Şehid Mehmet Paşa Câmi mit der ihr angegliederten Medresse, die unterhalb von Sultanahmet auf dem Weg nach Kumkapı liegt.

Wenn die Gäste dann sagen:

„Es ist alles in Ordnung. Allah der Erhabene möge dem Wohltäter gnädig sein!", sollen die Torwächter beim Morgengrauen beide Flügel des Tores öffnen. Dann sollen sie mit einem Bittgebet und dem guten Rat verabschiedet werden:

„Seid vorsichtig! Versinkt beim Gehen nicht in Gedanken! Schließt keine Freundschaft mit Leuten, die ihr nicht kennt! So zieht denn von dannen, möge Allah es euch leicht machen!"

Auch folgende, aus einer Stiftungsurkunde des *Nâkibu l-Eşrâf* [27] Esad Efendi stammenden, Zeilen vermitteln einen Einblick in die Tiefen der mitfühlenden Seele eines Gläubigen:

„Man soll für Menschen, die in abgelegenen Hütten leben, die niemand zu sehen bekommt, für arme, alte Menschen, sowie für Hilflose, die aufgrund einer Krankheit nicht die Kraft aufbringen, zu arbeiten, Holz, Kohle und andere Gegenstände des täglichen Bedarfs bereitstellen! Und man möge verwaisten, mittellosen jungen Mädchen, wenn sie ins Heiratsalter kommen, ihre Aussteuer besorgen!"

Die von unseren Vorvätern, denen jeglicher Fanatismus fern lag, aus reiner Menschenliebe für alle Teile der Bevölkerung, unabhängig von Herkunft, Rasse oder Konfession, gegründeten

{O ihr, die ihr glaubt! Spendet von dem, was Wir euch beschert haben, bevor ein Tag kommt, an dem es weder Handel, noch Freundschaft oder Fürsprache geben wird.}
Qur'ân, 2:254

27. *Nâkibu l-Eşrâf*, Titel eines von der muslimischen Staatsführung eingesetzten Verantwortlichen, der sich um die Angelegenheiten der Nachfahren unseres edlen Propheten – Allah segne ihn und schenke ihm Frieden – kümmert.

Wohlfahrtseinrichtungen haben im Verlauf der Jahrhunderte nicht nur die Unvoreingenommenen unter den christlich-abendländischen Reisenden, Forschern und Schriftstellern, sondern selbst erklärte Gegner der Türken in Erstaunen versetzt. İsmail Hami Danışmend erwähnt in seinem Werk *Eski Türk Seciye ve Ahlakı* (Wesensart und Charakter der alten Türken) zahllose Beispiele dafür. Eine Auswahl davon wollen wir hier im Folgenden wiedergeben.

Der berühmte Orientreisende Du Loir [28] schrieb in seinem 1654 in Paris veröffentlichten Reisebericht:

„Lassen Sie mich die aktuellen Aspekte der türkischen Bräuche und Traditionen folgendermaßen zusammenfassen:

Ihre Wohltätigkeit und ihre guten Taten erstrekken sich nicht nur auf die Menschen, sondern auch auf die Tierwelt.

In allen Ländern der Osmanen gibt es *Imaret* genannte Gästehäuser. An diesen Orten wird – entsprechend den von den Stiftern festgelegten Bedingungen – allen Armen, ganz gleich welcher Religion sie angehören, entsprechen dem Maß ihrer Bedürfnisse geholfen. Alle Durchreisenden finden in diesen Gästehäusern drei Tage kostenlose Unterkunft und werden für die Dauer ihres Aufenthalts zu jeder Essenszeit mit einem Teller Reis bewirtet.

Die Stiftungen, die viele Wunden der Gesellschaft voll mitfühlender Anteilnahme heilen, sind vortreffliche Erscheinungsformen jenes Glücks und jener Zufriedenheit die uns der Islam durch die von seinem Geist erfüllten Menschen schenkt.

28. Sieur du Loir, ein französischer Reisender und Schriftsteller des 17. Jahrhunderts veröffentlichte 1654 unter dem Titel *Les Voyages du Sieur du Loir au Levant* einen Reisebericht, der detaillierte Beschreibungen der Zustände und Gebräuche im Osmanischen Reich enthält.

„Wenn mitten in der Nacht Reisende aus den Provinzen kommen, so möge man die Türen öffnen und sie hereinlassen. Man möge ihnen von dem, was gerade vorhanden ist, zu essen geben. Selbst wenn die Welt untergeht, soll man niemanden weiter ziehen lassen!"
Stiftungsurkunde des Evliya Celebi

In den Städten gibt es, neben diesen *Imarets*, entlang der Straßen öffentliche Gebäude, die *Kervansaray* („Karawanserei") genannt werden und deren Türen jedermann offen stehen.

Manche Türken lassen als fromme Tat am Straßenrand Wasserhähne anbringen, damit Durchreisende keinen Durst leiden müssen. Andere wiederum lassen in den Städten für die Passanten Trinkwasserbrunnen errichten. An diesen Orten gibt es, genauso wie in offiziellen Gebäuden, Bedienstete, die einen monatlichen Lohn erhalten und deren Aufgabe darin besteht, jedem, der darum bittet, Wasser zu geben.

Die Wohlhabenden machen Rundgänge durch die Gefängnisse, um daraus jene zu retten, die wegen unbezahlter Schulden inhaftiert sind. Mit unbeschreiblicher Feinfühligkeit und Vertraulichkeit erforschen sie die Bedürfnisse der Armen, die sich schämen ihre Notlage zu äußern, und helfen ihnen."

De La Motraye[29] schrieb:

„Selbst wenn jemandem sein Haus abbrennt und alles, was er und seine Familie an Weltlichem besitzen, zu Asche verbrennt und vernichtet wird, kann man im Land der Osmanen keine jammernden Frauen und keine heulenden Kinder hören, wie man dies von anderen Völkern kennt. Bei denjenigen, die auf diese Weise ihr ganzes Hab und Gut verloren haben, stellt man vollkommenes Gottvertrauen und Hingabe gegen-

29. Aubry De La Motraye (1674-1743), Weltreisender und Schrifsteller, Verfasser eines mehrbändigen Reiseberichts unter dem Titel *Voyages en Europe, Asie & Afrique*.

über der Bestimmung Gottes fest. Die Bevölkerung, die es liebt, wohltätig zu sein, leistet sofort Hilfe. Dies reicht in der Regel aus, um das Haus neu aufzubauen und auszustatten und übertrifft manchmal sogar den Bedarf."

Und Cornelis de Bruyn[30] faßt seine persönlichen Wahrnehmungen in folgende Worte:

„Es läßt sich nicht leugnen, daß die Türken eine Vorliebe für Wohltätigkeit und gute Taten haben und daß sie sogar mehr Wohltätigkeit hervorbringen als die Christen. Dies ist einer der offensichtlichen Gründe dafür, daß man in der osmanischen Gesellschaft nur äußerst selten Bettlern begegnet. [...]

Jene Türken, die nicht in der Lage sind, den Armen mit Mitteln aus ihrem Geldbeutel zu helfen, leisten anderweitig die Hilfe, zu der sie im Stande sind, und zwar durch körperliche Arbeit. Sie reparieren die Hauptstraßen, wenn sie abgenutzt oder beschädigt sind, füllen die in regelmäßigen Abständen aufgereihten Wasserbehälter an den Straßenrändern, zeigen an überschwemmten Flüssen den Durchreisenden die Punkte für eine sichere Flußüberquerung, und sie verrichten auch sonst sehr viel wohltätige Arbeiten. Für all dies verlangen sie keine Gegenleistung. Wenn ihnen trotzdem einige Akce angeboten werden, weisen sie das Geld zurück und sagen, daß sie dies ausschließlich zum Wohlgefallen Allahs tun."

30. Cornelis de Bruyn (1652-1726), holländischer Maler, Weltreisender und Schriftsteller, veröffentlichte 1698 seine Reiseberichte unter dem Titel *Reizen van Cornelis de Bruyn, door de Vermaardste Deelen van Klein Asia*.

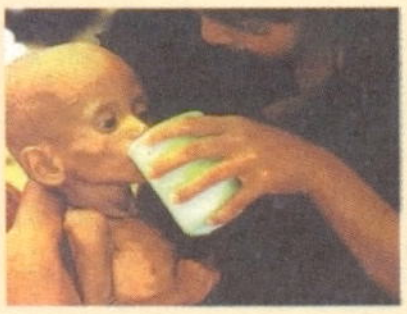

„In jeder Bevölkerungsschicht sind Eltern und Verwandte bemüht, ihren Kindern ein Vorbild zu sein und sie von Kindesbeinen an an den Einsatz für wohltätige Zwecke zu gewöhnen."

Ignatius Mouradgea d'Ohsson

Die Begüterten sollten nie den Gedanken verdrängen, daß sie selbst genau dort stehen könnten, wo die Leidenden und Bedürftigen stehen.

Bemerkenswert sind in diesem Zusammenhang die folgenden Feststellungen des Mouradgea d'Ohsson[31]:

„In jeder Bevölkerungsschicht sind Eltern und Verwandte bemüht, ihren Kindern ein Vorbild zu sein und sie – schon von Kindesbeinen an – an den Einsatz für wohltätige Zwecke zu gewöhnen. Mit Hilfe dieser Tugenden, die sie ‚Wohltätigkeit' (*khayr*) und ‚gute Taten' (*hasanât*) nennen, und welche die Persönlichkeit eines Menschen adeln, verkümmern die negativen Empfindungen wie Egoismus, Geiz und Habgier. Stattdessen festigt sich in ihren Herzen das Bedürfnis, anderen Menschen zu helfen. Aus diesem Grunde fallen den Muslimen wohltätige Arbeiten in keiner Weise schwer, was sie auf diesem Gebiet auf eine weit über anderen Völkern stehende Stufe erhebt."

Folgende Abschnitte hat die deutsche Orientforscherin Sigrid Hunke dem Brief eines Jugendlichen an seinen Vater entnommen, den dieser schrieb, als er in einem muslimischen Stiftungs-Krankenhaus lag. Die darin enthaltenen Aussagen stellen ein wunderbares Beispiel für das vollkommene Verhalten der Stiftungen bei der Pflege der Armen und Mittellosen dar:

31. Ignatius Mouradgea d'Ohsson (1740-1807), Übersetzer, Geschäftsmann, Historiker und Diplomat. Als Sohn einer französischen Mutter und eines schwedischen Vaters in Istanbul geboren und als armenisch-katholischer Bürger des Osmanischen Reiches aufgewachsen, verfaßte er das *Tableu General de'l Empire Othoman*, eines der umfaßendsten Werke über Geschichte, Politik, Wirtschaft und Kultur des Osmanischen Reiches.

„Mein lieber Vater! Du fragst, ob ich Geld brauche. Wenn ich entlassen werde, bekomme ich vom Krankenhaus eine Garnitur neue Kleider und 5 Goldmünzen, damit ich nicht gezwungen bin, sofort wieder arbeiten zu gehen. Daher ist es nicht nötig, daß du aus deiner Herde ein Schaf verkaufst. [...]

Ich möchte hier gar nicht wieder weg. Die Betten sind weich, die Laken sind strahlend weiß und die Bettdecken sind wie Samt. In jedem Zimmer gibt es einen Wasserhahn. In kalten Nächten werden alle Zimmer geheizt. Die Pfleger sind sehr freundlich und mitfühlend. Jeden Tag gibt es für diejenigen, deren Mägen es vertragen, Geflügel und gegrilltes Schafsfleisch zu essen. Mein Bettnachbar hat eine Woche lang so getan, als ob er noch nicht genesen sei, damit er sich noch ein paar Tage an den leckeren Hühnchenbrüsten laben konnte. Der Oberarzt hat jedoch schließlich Verdacht geschöpft und ihn zur Überprüfung seines Gesundheitszustandes ein ganzes Brot und ein ganzes Huhn essen lassen, worauf er ihn anschließend nach Hause geschickt hat. Also komme bitte bald und besuche mich, bevor auch ich mein letztes Brathähnchen bekomme!“

Sicherlich interessant ist auch, daß unter den 26.300 nachweislich in der osmanischen Zeit gegründeten Stiftungen etwa 1.400 auf Frauen zurückgehen.

Eine dieser Frauen, Nûr Bânû Vâlide Sultân, ließ sowohl auf der europäischen als auch auf der anatolischen Seite Istanbuls eine große Zahl von Stiftungsbauten errichten. Besonders erwäh-

Ein nützlicher Aspekt der Stiftungen besteht darin, daß sie die Wohlhabenden davor bewahren, in Verschwendungssucht und Ausschweifung zu verfallen.

nenswert sind darunter die im Toptaşı-Bezirk von Üsküdar gelegene Atik Vâlide Câmii, mit dem dazugehörigen *Imaret*, einer Medresse, einer Krankenpflegestation (*dâru'ş-şifâ*) und einem Doppel-*Hamâm* (öffentlichen Badehaus) mit je einer Abteilung für Männer und Frauen. Bemerkenswert ist dabei auch, daß diese Frau aus einer Familie jüdischer Einwanderer stammte. Ihr Vater Yasef Nassi gehörte zu den führenden Personen der jüdischen Gemeinde spanischer Sephardim, die auf der Flucht vor den Massakern, die dem Verlust der muslimischen Herrschaft über Spanien folgten, im Osmanischen Reich Asyl gefunden hatten. Yasef Nassi, der Sultân Sulaymân anscheinend durch die Beschaffung wichtiger Informationen von großem Nutzen war – wohingegen sein Sohn Sarı Selim später eine eher zwielichtige Rolle spielte – erlangte als Schwiegervater des Padischah Privilegien und Befugnisse, die ihn in den Besitz eines gewaltigen Vermögens brachten. Seine Tochter, Nûr Bânû Sultân[32], engagierte sich derart in diesem

Das wahre Ziel jeder Stiftungsgründung ist jedoch das Erlangen göttlichen Wohlgefallens und jenseitiger Glückseligkeit.

32. Bei Frauen aus dem osmanischen Herrscherhaus wurde am Ende des Namens der Titel *Sultân* angefügt. Die offizielle Anrede der Damen, die dem osmanischen Herrscherhaus angehörten, war *Sultân Efendi*. Dieser Titel brachte zum Ausdruck, daß ihr Vater entweder ein Angehöriger des Herrscherhauses, ein Prinz (*Şehzade*) oder der Padischah selbst war. Wenn eine solche Frau außerhalb des Herrscherhauses heiratete, wurden die Töchter aus dieser Verbindung *Hanim Sultân* und die Söhne *Beyzade*, oder, auf die Mütter bezogen, *Sultânzade* genannt. Wenn ein *Beyzade* oder *Sultânzade* außerhalb des Herrschaftshauses heiratete, galten seine Kinder nicht mehr als Angehörige des Herrscherhauses. Hingegen trugen jene Frauen, deren Sohn Padischah war, auch wenn sie von ihrer

System islamischer Sitten und mitfühlender Empfindsamkeit, daß sie unter jenen muslimischen Frauen, die als Stifterinnen wohltätiger Einrichtungen und frommer Werke verzeichnet sind, einen vorzüglichen Rang einnimmt.

Eine andere dieser Frauen war Mâhpeyker Kösem Vâlide Sultân, die das Fundament der Yeni Camii hat legen lassen, sowie die Üsküdar Çinili Camii mit der angrenzenden Schule, Wasserhähnen, einer Lehrstätte für *Hadîth*, je einem Badehaus für Männer und Frauen und einem Trinkwasserbrunnen errichten ließ. Darüber hinaus stiftete sie eine Moschee im anatolischen Kavak. Berühmtheit erlangte auch ihre Stiftung zur Verheiratung armer Waisen-Mädchen. Daneben verrichtete sie viele weitere fromme Werke. Es ist auffallend, daß selbst eine Frau wie Kösem Sultân – die als eine jener Mütter der Sultâne galt, die wegen ihres gebieterischen Charakters gefürchtet waren – sich vor allem durch ihr starkes Bemühen zum Wohle der Stiftungen, in Mitgefühl und Barmherzigkeit gegenüber den Schwachen, als eine überragende Persönlichkeit erwies.

Nachdem Kösem Vâlide Sultân, die das Fundament hatte legen lassen, die Fertigstellung der Yeni Camii nicht mehr miterlebte, wurde die Ehre, dieses Bauwerk zu vollenden und für den

---

Herkunft her nicht zum Herrscherhaus gehörten – was auf die überwiegende Mehrheit zutraf – entsprechend dem offiziellen Protokoll den Titel *Vâlide Sultân*. Die Ehefrauen der Padischahs wurden *Kadin Efendi* genannt. Bei mehreren Ehefrauen wurde diesem Titel das entsprechende Adjektiv, wie „erste", „zweite" usw. hinzugefügt.

{Diejenigen, die ihre Versprechen halten, nachdem sie sie gegeben haben, und diejenigen, die in Elend, Not und Kriegszeiten geduldig sind – sie sind es, die wahrhaftig sind und sie sind es, die gottesfürchtig sind.}
Qur'ân, 2: 177

So wie wir verantwortlich dafür sind, unsere Kinder in jungen Jahren das Gebet zu lehren, sind wir ebenfalls verpflichtet, in ihnen die Begeisterungsfähigkeit für Wohltätigkeit und jene Form des Gottesdienstes, die im Beglücken eines leidenden Mitmenschen besteht, zu vermitteln.

Gottesdienst zu eröffnen, Hatice Turhan Sultân zuteil. Zu den von ihr begründeten Stiftungen zählen des weiteren Schulen, Medressen, *Imarets*, Bibliotheken und Brunnen. Interessant an der Stiftungsurkunde der Yeni Camii ist auch, daß darin festgelegt wurde, daß während der heiligen Nächte und der Nächte des Ramadân aus bestimmten Wasserhähnen Honigsirup fließen soll, der im Anschluß an das Gebet, beim Verlassen der Moschee an die Gemeinde ausgeschenkt wird. Selbst die Qualität des Honigs wurde in der Urkunde festgeschrieben. Der hochwertigste Honig stammte damals aus einem Ort im Kreis Rize, der zu jener Zeit Atina hieß und heute Pazar heißt. In der Stiftungsurkunde wurde bestimmt, daß, ganz gleich, wie viel es auch kosten möge, kein anderer außer diesem Honig verwendet werden dürfe. Dies ist ein typisches Beispiel für das hohe Maß an Qualitätsbewußtsein und akribischer Sorgfalt bei der Gründung wohltätiger Stiftungen.

Hatice Turhan Sultân hinterließ für den Fortbestand der Stiftungen sehr ertragreiche Erwerbsquellen und setzte allein zur Verwaltung dieser Stiftungen 116 Beamte ein.

Pertevniyâl Vâlide Sultân ließ in Aksaray die „Vâlide Camii" und die „Yâ Vedûd Mescidi" errichten, außerdem stiftete sie eine Bibliothek, Brunnen und eine Lehranstalt.

Mihrimâh Sultân, die in Edirnekapı und in Üsküdar jeweils eine „Selâtîn Camii" bauen ließ, war selbst – trotz ihrer großen Stiftungswerke – eine äußerst bescheidene und genügsame Person, wie uns das folgende Beispiel in schöner Weise vor

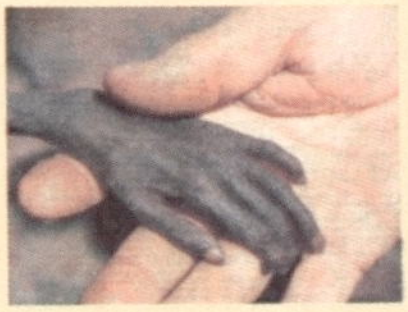

Augen führt. Das Wasser für die Stadt Mekka und die Ebene von Arafat wurde früher, auf Veranlassung von Zubayda Hanim, der Frau des Harûn Raschîd, aus der Umgebung von Bagdad bis dort hin geleitet. Wie berichtet wird, waren die Wasserkanäle in der Zeit Sulaymân des Prächtigen überaltert und brüchig geworden, so daß aus den Wasserhähnen nicht mehr genügend Wasser floß. Als Mihrimâh Sultân dies erfuhr, begab sie sich zu ihrem Vater, Sulaymân dem Prächtigen, und bat ihn, die alten Wasserdämme durch den obersten Hofarchitekten, Mimar Sinân, restaurieren zu lassen. Dabei ersuchte sie dringend darum, dieses wohltätige Werk geheim zu halten und stiftete zu diesem Zwecke all ihren Schmuck und ihre Edelsteine. Nachdem er die Fundamente der Süleymaniye Moschee hatte legen lassen, verschwand Mimar Sinân für eine ganze Zeit aus dem Blickfeld der Öffentlichkeit, ohne das ein Grund dafür bekannt war. Es hieß, er halte sich absichtlich verborgen, bis sich die Fundamente der Moschee gesetzt hätten. In Wirklichkeit hing der Grund seines Verschwindens jedoch mit der Restaurierung der erwähnten, *Ayn-i Zubayda* genannten, Wasserläufe und dem Wunsch der edlen Stifterin dieser wohltätigen Aktion nach Geheimhaltung zusammen.

Die Stiftungen sorgten dafür, daß Arme und Reiche, Kranke und Gesunde, Starke und Schwache, das heißt: so gut wie jeder, in einem Klima geistiger Verbundenheit und Brüderlichkeit zusammenlebten.

Zu den für ihre frommen Werke bekanntesten Müttern der Sultâne zählt Bezmiâlem Vâlide Sultân. Sie begründete viele wohltätige Einrichtungen, die über Jahrhunderte hinweg ihre Dienste leisteten und in die Geschichte eingingen. Die größte der Moscheen, die sie errichten ließ, ist die Vâlide Camii, die in Istanbul in der

Nähe des Dolmabahce Palastes steht. Auch die berühmte Galatabrücke wurde von ihr gestiftet. Eine ebenso wichtige Stiftung gründete diese Vâlide Sultân in Damaskus. Die Stiftungsregeln bestimmten:

- Die Pilger sollen mit dem süßen Wasser von Damaskus versorgt werden.
- Die von Bediensteten zerbrochenen oder beschädigten Gegenstände sollen ersetzt werden, damit diese nicht in ihrem Ehrgefühl und ihrer Persönlichkeit verletzt werden.

Eine der größten wohltätigen Einrichtungen, die auf Bezmiâlem Vâlide Sultân zurückgehen, deren hilfsbereite Hand bis in weit entfernte Regionen reichte, ist das *Ghurabâ-i Muslimîn* Krankenhaus, das sie mit einem großen Betrag ihres persönlichen Vermögens stiftete. Diese großartige Anlage, die neben dem Krankenhaus noch eine Moschee und einen eigenen Brunnen umfaßt, nahm 1843 ihren Dienst auf und bringt seit jenen Tagen Heil für die Bedürftigen der Gemeinde Muhammads.

Diese *Sultân Efendis* maßen bei ihrem wohltätigen Einsatz der Beschaffung von Trinkwasser eine vorrangige Bedeutung bei, und überzogen deshalb Istanbul – und ebenso Mekka und die Ebene von Arafat – mit einem dichten Netz von Stiftungsbrunnen und Trinkbecken. Außerdem ließen sie zu diesem Zweck die bestehenden Kanäle und Dämme in Stand setzen und beförderten, indem sie die Wasserläufe ständig warten ließen, immer so viel Wasser nach Istanbul, wie notwendig war, um den Bedarf der wachsenden Bevölkerung zu decken.

Der ehrwürdige Prophet – Allah segne ihn und schenke ihm Frieden – sagte: „Der vorzüglichste unter den Menschen ist jener, der den Menschen am hilfreichsten ist."

Suyûtî, al-Jâmi´ as-Saghîr, II, 8

Eine der berühmtesten und bedeutendsten Persönlichkeiten der Politik, die sich vor noch nicht allzu langer Zeit auf diese Weise durch große Stiftungen verdient gemacht hat, war der für seine Frömmigkeit bekannte ehrwürdige Sultân ´Abdul-Hamîd II. Sein, aus vierzig Brunnen gespeistes, stets gleichmäßig fließendes und ihm zu Ehren *Hamidiye Suyu* benanntes Wassersystem stellt – trotz vieler Zerstörungen durch Bauarbeiten und Bohrungen – auch heute noch einen wichtigen und qualitativ hochwertigen Bestandteil der Istanbuler Trinkwasserversorgung dar.

Die von unseren gesegneten Vorfahren mit aufrichtiger Frömmigkeit ins Leben gerufenen Stiftungen wurden mit der Fürbitte und in der Hoffnung gegründet, daß ihre Aktivitäten bis zum Tag der Wiederauferstehung weitergeführt werden. Diese Stiftungen erfüllen die Bedürfnisse der Menschen von heute und von morgen. Die Bevölkerung braucht die Moscheen, die Schulen, Krankenhäuser, Winterquartiere und Trinkwasserbrunnen, von denen viele immer noch von diesen Stiftungen getragen werden. All dies sind beständige Verdienste, die den edlen Seelen unserer gesegneten Vorväter als Zeugnisse wahren Glaubens und edlen Charakters zur Glückseligkeit gereichen mögen.

O unser Herr! Gib uns die Kraft, die uns anvertrauten Gaben in rechtschaffener Weise und sachkundig zu verwalten, damit auch wir zu „menschlichen Stiftungen" werden, die den Geschöpfen um ihres Schöpfers willen dienen.

Âmîn!

Selbstlosigkeit, Freigiebigkeit, Frömmigkeit und Aufrichtigkeit sind im idealen Sinne Ergebnisse eines seelischen Reifungsprozesses.

Höhepunkte menschlicher Zivilisation

Das Spendenwesen und Seine Grundlagen

Quellen der Barmherzigkeit und des Segens in beiden Welten:

ZAKÂT UND WOHLTÄTIGE SPENDEN

Zakât – die reinigende Pflichtabgabe

Unter allen Kreaturen wurde den Menschenkindern bei ihrer Erschaffung die höchste Ehrenstellung verliehen. Die Unterschiede und Abstufungen, die zwischen Individuen auftreten, zum Beispiel stark und schwach, gesund und krank, gebildet und ungebildet, arm und reich, sind Eigenschaften, die für das Bestehen des Gleichgewichts und der Ordnung innerhalb der menschlichen Gesellschaft erforderlich sind.

Reichtum und Armut, die im Rahmen dieser Abstufungen eine besonders wichtige Rolle spielen stellen zwei einander entgegengesetzte wirtschaftliche Niveaus dar. Zustände wie Reichtum und Armut, die den Menschen in ihrem Leben als göttliche Prüfung auferlegt wurden, bergen in sich eine tiefe Weisheit. Weder ist

{Die Spenden sind für die Armen, die – auf dem Wege Allahs – gehindert sind, sich frei im Land zu bewegen. Der Unwissende mag sie wegen ihrer Zurückhaltung für wohlhabend halten. Du aber erkennst sie an ihrem Auftreten. Sie betteln die Menschen nicht aufdringlich an. Und was immer ihr an Gutem spendet, wahrlich, Allah weiß es genau.}
Qur'ân, 2: 273

Reichtum an sich eine Ehre, noch Armut als solche eine Schande. Beides hängt jeweils von der Einstellung und dem Verhalten der Reichen beziehungsweise der Armen ab. Sowohl Reichtum als auch Armut beruhen auf göttlicher Bestimmung, die Seiner Weisheit entspringt. So sagt Allah der Erhabene:

{*Wir sind es, die unter ihnen den Unterhalt des irdischen Lebens verteilen. Und Wir haben die einen um Rangstufen über die anderen erhoben, damit die einen die anderen in ihren Dienst stellen. Die Gnade jedoch, die dein Herr dir erwiesen hat, ist weit besser als alles, was sie anhäufen.*}[33]

Wie in diesem Vers deutlich wird, hat Allah den Besitz unter den Menschen unterschiedlich verteilt. Demzufolge trägt jeder Mensch Verantwortung für das, was ihm an Gaben zuteil wurde. Auf diese Weise ist das soziale Gleichgewicht und die göttliche Gerechtigkeit aufs Vollkommenste eingerichtet.

Freigiebige, dankbare Reiche und geduldige, ehrbare Arme sind, sowohl hinsichtlich ihrer menschlichen Würde als auch was das göttliche Wohlgefallen anbelangt, auf das engste mit einander verbunden.

Die *Zakât* genannte, den Besitz reinigende Pflichtabgabe, die eine Reihe verschiedener Auswirkungen mit sich bringt, gewährleistet im gesellschaftlichen Zusammenleben Zufriedenheit und Harmonie. Indem sie beispielsweise den Torheiten, die durch eine völlige Abhängigkeit der Besitzenden von ihrem Vermögen entstehen könnte, einen Riegel vorschiebt, werden gleichzeitig die Bedürftigen vor negativen Neigungen wie Hass und Feindseligkeit bewahrt, so daß auf diese Weise Zuneigung zwischen den unterschiedlichen Gesellschaftsschichten wachsen

32. Qur'ân, 43:32

kann. Wegen dieser – und vieler weiterer – positiver Auswirkungen wurde die *Zakât* den Gläubigen zur Pflicht gemacht. Eines der Ziele der islamischen Gesellschaftsordnung besteht darin, das Ungleichgewicht zwischen Armen und Reichen auf ein Minimum zu reduzieren, um soziale Konflikte zu vermeiden. Der *Zakât* und wohltätigen Spenden kommen dabei entscheidende Bedeutung zu.

Der Wohlhabende wird vor Allah darüber Rechenschaft ablegen müssen, wie er seinen Besitz erworben und wofür er ihn ausgegeben hat. Das bedeutet: er wird bezüglich aller rechtmäßig oder auf sündhafte Weise erzielten Einnahmen, sowie hinsichtlich seiner *Zakât*, der Almosen und der gesegneten und wohltätigen Ausgaben befragt werden. Weil es seine Pflicht ist, einen festgelegten Anteil seines Besitzes an die Bedürftigen zu geben, wird er in Bezug auf sein Vermögen einer peinlich genauen Prüfung unterzogen. Nur dem, der – neben der Erfüllung seiner anderen Verpflichtungen – auch diese Prüfung besteht, werden das Wohlgefallen Allahs und die Freuden des Paradieses zuteil.

Der Arme hingegen wird hinsichtlich anderer Dinge zur Rechenschaft gezogen: War er geduldig angesichts von Mittellosigkeit? Hat er sich beklagt? Ist er anderen Menschen zur Last gefallen oder hat er unnötige Forderungen gestellt? Hat er sich haßerfüllt oder feindselig verhalten und aufbegehrt oder Moral und gutes Benehmen aufrecht erhalten? Falls das Ergebnis Allah wohlgefällig ist, verwandelt sich sein Leid in ewige Glückseligkeit.

Der Maßstab wahren Reichtums ist weder die Größe des Besitzes noch der Inhalt der Geldbörse, sondern die Genügsamkeit und die wohltätige Freigiebigkeit des Herzens.

„Wahrer Reichtum besteht nicht im Besitz vieler Güter, sondern in der Genügsamkeit des Herzens"
Sahîh Bukhârî, Riqâq, 15

Die *Zakât* wird im Heiligen Qur'ân an 27 Stellen gemeinsam mit dem rituellen Gebet (*Salât*) erwähnt. Diese häufige Erwähnung sollte ausreichen, um zu zeigen, welch große Bedeutung der *Zakât* beigemessen wird. Lediglich im zweiten und vierten Vers der Sure *al-Mu'minûn* („Die Gläubigen"; 23. Sure) werden Gebet und *Zakât* voneinander getrennt erwähnt. Dabei wird an dieser Stelle verdeutlicht, daß diejenigen, die gläubig sind, sowohl ihr Gebet verrichten, als auch ihre *Zakât* entrichten. Der Grund liegt darin, daß es sich um zwei unterschiedliche Formen von Gottesdienst handelt, nämlich einen körperlichen und einen den materiellen Besitz betreffenden Gottesdienst. Dabei steht das rituelle Gebet am Anfang der verschiedenen Arten des körperlichen, die *Zakât* jedoch an erster Stelle der den Besitz betreffenden Formen des Gottesdienstes. Obwohl ansonsten die Handlungen der Menschen voneinander unabhängig bewertet werden, das heißt, die Versäumnis einer Pflicht die Gültigkeit einer anderen nicht aufhebt, sagte der ehrwürdige Prophet – Allah Segen und Frieden seien auf ihm – hinsichtlich der Bedeutung der *Zakât* in unserer Religion: „Jemand, der betet und keine *Zakât* entrichtet, hat kein(en Segen von seinem) Gebet!"[34] Diese Aussage dient zweifellos dazu, die Gläubigen zum Geben der *Zakât* anzuspornen und ihnen die überragende Bedeutung dieser Form von Gottesdienst zu verdeutlichen.

Wegen der großen Bedeutung der *Zakât* bewertete der Herrscher der Gläubigen, der edle Abû

34. Al-Haythamî, *Majma'az-Zawâ'id*, III, 62

Bakr – möge Allah mit ihm zufrieden – die Haltung jener, die sich weigerten, die *Zakât* zu entrichten – obwohl sie das rituelle Gebet verrichteten – als Abfall vom Glauben und erklärte ihnen den Krieg, denn die *Zakât* ist eine von Allah festgelegte Schuld der Vermögenden gegenüber den Bedürftigen. In einem entsprechenden Vers des Heiligen Qur'ân heißt es:

{*Und an ihrem Vermögen besteht ein Recht für den Bittenden und den Entbehrungen Leidenden.*}[35]

Und der Gesandte Allahs – Segen und Frieden seien auf ihm – sagte:

> „Wenn du die Zakât von deinem Vermögen entrichtet hast, ist deine Schuld (gegenüber den Armen) beglichen."[36]

Die *Zakât* ist eine im göttlichen Gesetz festgelegte, jährlich an bestimmte Personen zu zahlende Abgabe, durch deren Entrichtung jene, deren Besitz ein bestimmtes Maß überschreitet, für ihren verbleibenden Besitz den Status rechtmäßigen Eigentums erwerben. Die als *Zakât* eingesammelten Güter und Gelder werden auf verschiedene Bereiche aufgeteilt und, dem Bedarf entsprechend, an die Benachteiligten der Gesellschaft verteilt. Auf diese Weise werden Gleichgewicht, Gerechtigkeit und gesellschaftliche Eintracht hergestellt und das Vermögen der Reichen geläutert.

Obwohl ein Gut, das auf legitimem Wege erworben wurde, eigentlich rechtmäßiges Eigentum

„Allah hilft dieser Gemeinschaft wegen der Bitten der Schwachen, ihrer Gebete und ihrer Frömmigkeit."
Nasâ'î, Jihâd, 43

35. Qur'ân, 51:19
36. Tirmidhi, *Zakât*, 2

{Und spendet von den Gaben, die Wir euch gewährt haben, bevor zu einen von euch der Tod kommt und er sagen wird: „Mein Herr! Wenn Du mir nur einen kurzen Aufschub gewährtest, würde ich Spenden geben und einer der Rechtschaffenen sein."}
Qur'ân, 63:10

seines Besitzers sein müßte, ist dieser Besitz solange nicht wirklich rechtmäßig, bis davon die *Zakât*, die einen Rechtsanspruch der Armen darstellt, entrichtet wurde. Auf der anderen Seite wird ein Gut, daß unter unrechtmäßigen Umständen erworben wurde, nicht durch die Abgabe von *Zakât* zu rechtmäßigem Vermögen. So wird zum Beispiel ein Betrag, der durch Glücksspiel oder auf ähnliche unzulässige Weise erworben wurde, durch die Zahlung der *Zakât* nicht zu rechtmäßigem Eigentum.

Individueller und gesellschaftlicher Segen der *Zakât*

Die *Zakât*, die die Benachteiligten der Gesellschaft erfreut, ist zugleich ein noch viel größerer Gewinn für die, die sie entrichten. Die *Zakât* – ein Wort, das ursprünglich „Reinigung" oder „Läuterung" bedeutet – beinhaltet äußerst wichtige Eigenschaften. Sie reinigt das Herz des Menschen von Schlechtigkeit und anderen Krankheiten und läutert gleichzeitig seinen Besitz. Eine ihrer, der Entsendung aller Propheten zugrunde liegenden, Weisheiten besteht in eben dieser Reinigung des Herzens, im Erreichen eines Zustandes seelischer Reinheit und der Läuterung des Egos.

Bei genauerer Betrachtung der Worte *Zakât* und *Infâq* erkennt man, daß ein verborgener Sinn dieser Art von Gottesdienst darin besteht, Seele, Persönlichkeit und Charakter des Menschen vom Joch des Materiellen zu befreien und ihn stattdessen zum Herrscher über die Materie zu erheben.

Außerdem schafft die *Zakât* zwischen den Gebenden und Nehmenden ein Band der Vertrautheit und der Zuneigung. Die *Zakât* stellt das Mindestmaß dessen dar, was an Bedürftige abgetreten werden muss. Menschen, deren Herzen nach Vollkommenheit streben, fügen diesem Pflichtbeitrag jedoch als Zierde freiwillig zusätzliche Spenden, wohltätige Abgaben und Schenkungen hinzu.

Im Laufe der Menschheitsgeschichte hat auf der ganzen Welt stets ein Kampf zwischen Arm und Reich stattgefunden. Dabei haben die Armen die Reichen meist voller Haß und Feindseligkeit betrachtet, während die Reichen oft voller Stolz und Überheblichkeit auf die Armen als eine primitive oder heruntergekommene Spezies von Menschen herabgeschaut haben. Eine Ausnahme stellen dabei jene geschichtlichen Epochen dar, in denen die Menschen geistigen Nutzen aus den Lehren der Selbstlosigkeit, Barmherzigkeit, des Mitgefühls und der Brüderlichkeit – wie sie in den Geboten jeder wahren Religion enthalten sind – gezogen haben. So konnten diese, mit ihren verschiedenen Formen der Wohltätigkeit, wie der *Zakât* und wohltätigen Spenden, die gesellschaftlichen Zustände entscheidend beeinflussen. Aus Sicht des Islam sind Arme und Bedürftige keinesfalls minderwertig, ganz im Gegenteil soll man ihnen mit besonderer Liebenswürdigkeit und Achtung begegnen, denn sie sind ein Quell der Segnungen und der göttlichen Gnade für die gesamte Gesellschaft. Allah, der All-Barmherzige, rief unseren ehrwürdigen Propheten – Segen und Friede seien auf ihm – dazu auf, die Gesellschaft der Armen und Bedürftigen

„Wenn du möchtest, daß dein Herz weich wird, dann speise einen Armen und streichle den Kopf einer Waise!"
Ahmad ibn Hanbal, Musnad, II, 263

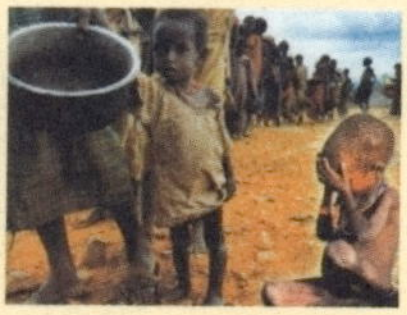

Unser Herr erlegt uns keine Bürde auf, die unsere Kräfte übersteigt. Das heißt aber auch, daß wir für all das, was in unseren Kräften liegt, verantwortlich sind. Anders gesagt: wir werden auch für jene guten Werke zur Rechenschaft gezogen werden, die wir nicht verrichtet haben.

unter seinen Gefährten zu suchen und sich besonders um diese zu kümmern:

{*Und gedulde dich, gemeinsam mit denjenigen, die ihren Herrn morgens und abends anrufen – im Trachten nach Seinem Wohlgefallen; und laß deine Blicke nicht über sie hinauswandern, indem du nach dem Schmuck des irdischen Lebens trachtest.*}[37]

Daß die Armen innerhalb der islamischen Gesellschaft nicht als Belastung, sondern im Gegenteil, als ein Quell der Gnade und des Segens angesehen werden, zeigen auch die folgenden Aussprüche des Propheten – Allah segne ihn und schenke ihm Frieden:

Abû Dardâ – möge Allah mit ihm zufrieden sein – überlieferte, daß der Gesandte Allahs – Segen und Frieden seien auf ihm – sagte: „Ruft die Schwachen herbei! Denn allein um eurer Schwachen willen (d.h. durch ihre Gebete und deren Segen) werden Euch Unterhalt und Hilfe zuteil."[38]

Und er sagte – Allah segne ihn und schenke ihm Frieden: „Allah hilft dieser Gemeinschaft wegen der Bitten der Schwachen, aufgrund ihrer Gebete und ihrer Frömmigkeit."[39]

Nach einem Bericht des Umayya ibn Khâlid – möge Allah mit ihm zufrieden sein – erbat Allahs Gesandter – Segen und Frieden seien auf ihm – das Geschenk des Sieges und göttlichen Bei-

37. Qur'ân, 18:28
38. *Sahîh Bukhârî*, *Jihâd*, 76
39. *Nasâ'î*, *Jihâd*, 43

stands für die Muslime von Allah um der Armen unter den *Muhajirûn* willen.[40]

Es ist offenkundig, daß es heutzutage nur noch äußerst wenige bedürftige und leidende Menschen gäbe, wenn die *Zakât* wirklich vollständig gezahlt würde.

So teilten in der Zeit des Kalifen ´Umar ibn Abd al-´Azîz die Provinzgouverneure mit, daß sie niemanden mehr finden konnten, dem sie die *Zakât* hätten auszahlen können und baten ihn um Rat, wie sie verfahren sollten. Alle *Zakât*-Pflichtigen hatten ihre Pflicht voll und ganz erfüllt. Ein solcher gesellschaftlicher Zustand ist eine offensichtliche Folge jenes Segens, der zutage tritt, wenn die Pflichten, sich durch wohltätige Abgabe von Gütern und mit dem eigenen Leben im Dienste Allahs einzusetzen, vollständig erfüllt werden. Darauf befahl ´Umar ibn Abd al-´Azîz Ausrufer unter das Volk zu schicken, die rufen sollten: „Wo sind diejenigen, die Schulden haben? Wo sind die Bedürftigen, die Waisen? Wo sind die Armen, die gerne heiraten möchten? Wo sind die Entrechteten? O, die ihr ein Anrecht und Bedarf habt, kommt und nehmt euer Recht in Anspruch!“

Solche bemerkenswerten Ereignisse sind Ausdruck eines wahrhaft hohen Niveaus an Zivilisation! Dabei darf man keinesfalls die dem Erfolg des ´Umar ibn Abd al-´Azîz zugrunde liegenden spirituellen Voraussetzungen vergessen, die es erst ermöglichten, daß seine Regierungszeit als die – nach jener der vier rechtgeleiteten Kalifen – glänzendste Periode in die

Vollkommene Seelen suchen in ihrer Umgebung nach anderen Wesen, die der Rettung bedürfen, um durch wohltätigen Dienst und Barmherzigkeit zum ewigen Heil zu gelangen.

40. siehe at-Tabarânî, *Mu´jam al-Kabîr*, I, 292

Annalen der islamischen Welt eingegangen ist. Folgende Aussagen, die uns einen kleinen Einblick in die innere Welt dieser bedeutenden Persönlichkeit gewähren, zeigen die Gründe für die großartige Entwicklung in seiner Zeit auf.

Seine Ehefrau Fâtima berichtete:

„Eines Tages begab ich mich zu ´Umar ibn ´Abd al-´Azîz. Er saß auf seinem Gebetsplatz und hielt seine Stirn mit der Hand. Er weinte unentwegt und die Tränen rannen seine Wangen herab. Ich fragte ihn: „Was ist mit dir?" Er antwortete:

„Fâtima! Ich trage den größten Teil der Last dieser Religionsgemeinschaft auf meinen Schultern: die Hungrigen der Gemeinschaft, die Armen, die Kranken, die keine Arznei finden, Bedürftige, die keine Kleidung anzuziehen haben, die niedergeschlagenen Waisen, die alleinstehenden Witwen, Entrechtete, die unfähig sind, ihr Recht einzufordern, muslimische Gefangene in heidnischen und fremden Ländern, bedürftige alte Menschen, die keine Kraft mehr haben, für das Notwenige zu arbeiten, arme Familienoberhäupter mit zahlreichen Angehörigen. [...] Wenn ich an all diese gläubigen Geschwister in nahen und fernen Ländern denke, leide ich unter meiner Last. Wenn mein Herr mich morgen am Jüngsten Tag wegen all dieser Dinge zur Rechenschaft zieht, wenn der Gesandte Allahs – Segen und Frieden seien auf ihm – mir Vorhaltungen und Vorwürfe macht, was soll ich dann antworten?"[41]

Die Herzen derer, die mit Erkenntnis gesegnet sind, vergessen nie: „Für das rechtmäßig Erworbene muß man sich rechtfertigen, für das Unrechtmäßige folgt die Strafe."

41. Ibn Kathîr, *Tafsîr*, IX, 201

Diese, von Fâtima, der Ehefrau des Kalifen ´Umar ibn Abd al-´Azîz, überlieferten Worte zeugen von einer Empfindsamkeit, die eigentlich jedem gläubigen Herzen innewohnen sollte.

Der Weg des Gläubigen zur Verwirklichung von Eigenschaften wie Barmherzigkeit, Mitgefühl, Feinfühligkeit und Einfühlsamkeit verlangt den wohltätigen Einsatz seiner Güter und seines Lebens. So sagte der ehrwürdige Prophet – Allah segne ihn und schenke ihm Frieden – einmal zu einem seiner Gefährten, der sich über ein bedrückendes Gefühl in seinem Herzen beklagte:

> „Wenn du möchtest, daß dein Herz weich wird, dann speise einen Armen und streichele den Kopf einer Waise!“[42]

Der Ehrwürdige Meister Maulânâ Jalâluddîn Rûmî – möge Allah sein Geheimnis heiligen – sagte hinsichtlich der spirituellen Errungenschaften, die eine Hinwendung zu den Armen und den Leidenden mit sich bringt:

„Herzen, die in Armut und Not ersticken, gleichen einem Haus voller Rauch. Hör' dir ihre Sorgen an und öffne damit ein Fenster in diesem raucherfüllten Haus, so daß der Rauch entweichen kann – auf daß auch dein Herz leicht und deine Seele empfindsam werde.“

Während also der Islam die Beziehungen zwischen Arm und Reich auf derart wunderbare Weise regelt, ist dies den nicht-islamischen Systemen nicht gelungen, da sie sind entweder in das eine oder andere Extrem verfallen sind. Manche Systeme untersagen vollständig, jemand

42. Ahmad ibn Hanbal, *Musnad*, II, 263

Einer der mit Erkenntnis Begnadeten beschrieb diese Welt, die einer Ausstellung geheimnisvoller Weisheiten gleicht, auf folgende Weise: „Für jene, die Verstand besitzen, ist diese Welt eine faszinierende Schau der Schöpferkraft, für die Toren hingegen besteht sie aus Essen und Lust.“

anderen um etwas zu bitten, während andere es den Menschen geradewegs freigestellt haben, betteln zu gehen. Der Islam hingegen hat mit den Mitteln der *Zakât* und der wohltätigen Spenden diesen wunden Punkt mit einer äußerst heilsamen Methode behandelt und die vorzüglichste Lösung gefunden.

Die *Zakât* ist in der Tat eines der kostbarsten Geschenke, die der Islam der Menschheit gebracht hat. Durch die *Zakât* werden den Bedürftigen der Gesellschaft, den Benachteiligten, den einsamen Hinterbliebenen, den Waisen und den Witwen bis zu einem gewissen Grad ihre Sorgen abgenommen. Darüber hinaus ist es dem Islam gelungen, die Ketten der Sklaverei, die unbestreitbar ein Bestandteil der Menschheitsgeschichte ist, vom Nacken der Menschen zu nehmen. Einer der Beiträge des Islam zur Befreiung von der Sklaverei bestand in der Verpflichtung, den Sklaven den gleichen Lebensstandard wie ihren Besitzern zu garantieren. Dadurch wurden der Menschheit zweifellos eine große Wohltat und Segen erwiesen, denn dies hatte zur Folge, daß der Besitz eines Sklaven dessen Eigentümer weniger Nutzen, sondern vielmehr eine schwere Belastung brachte. Jene, die ihre Sklaven dennoch nicht freilassen und sich so von ihrer Last befreien wollten, wurden zu verschiedenen Anlässen ständig und immer wieder dazu ermuntert. So wird zum Beispiel in den Quelltexten[43] oftmals der Freikauf von Sklaven an vorderster Stelle als Wiedergutmachung für begangene Sünden empfohlen.

„Lauf' nicht der Versorgung nach, sondern suche nach dem Versorger!"

43. Mit „Quelltexten" sind in der Regel der Qur'ân und die *Hadîthe* gemeint.

Der Islam verlangt von uns, Menschen, die in Schwierigkeiten sind, die Hand zu reichen, ohne eine Gegenleistung zu erwarten, und hat auf diese Weise unzählige blutende Wunden geheilt. Daneben verbietet er den unheilbringenden Zins, der vielen Menschen auf den ersten Blick wie eine Hilfe und Erleichterung erscheinen mag, in Wirklichkeit jedoch nichts anderes ist, als die rücksichtslose Ausnutzung von Menschen in einer Notsituation. Dem Kreditgeber ist es lieb, wenn die Menschen in Schwierigkeiten sind, so daß er aus ihrer Lage Profit schlagen kann. Die Bestimmung, daß die *Zakât* auch Menschen zukommen soll, die Schulden haben, ist eine Maßnahme, um sie vor dem Versinken im Treibsand des Zinseszinses zu bewahren. Der Geber der *Zakât* hingegen ist ein Vertrauter der Bedürftigen und Verzweifelten. Sein einziger Wunsch ist es, den leidenden Dienern Heilung zu bringen, um Zufriedenheit und Wohlgefallen Allahs, des All-Gnädigen, zu erlangen.

Gierige und unersättliche Menschen empfinden ihr Hab und Gut, ganz gleich wie viel sie auch besitzen mögen, immer als zu wenig. Menschen aber, die an das Geben von Spenden und *Zakât* gewohnt sind, haben ein reiches Herz und begnügen sich mit wenig weltlichem Besitz. Wer jedoch von Zinsgewinnen lebt, ist derart von Gier besessen, daß er seinen eigenen Besitz mit allen Mitteln, auch wenn es zur Zerstörung anderer führt, vermehren muß. Die Wirtschaftszentren dieser Welt sind täglich Schauplatz zahlloser Beispiele derartigen Verhaltens. In einem Vers des Heiligen Qur'ân heißt es:

Jeder Gläubige sollte sich, aus der Erkenntnis heraus, daß er im Reich Allahs lebt und sich von Seinen Gnadengaben ernährt, sorgfältig davor hüten, die materiellen Aspekte des Gottesdienstes zu vernachlässigen.

{Allah läßt den Wucher dahinschwinden, doch Er vermehrt die wohltätigen Gaben.}[44]

Das bedeutet: Er nimmt den Segen von den Gütern derer, die mit Zins arbeiten. Dieser Unsegen beinhaltet für die Betroffenen, daß sie im Jenseits zu den Bankrotteuren zählen. Manch einen trifft der Konkurs auch schon im Diesseits und riesige, unrechtmäßig erworbene Vermögen gehen ganz und gar durch Katastrophen, Krankheit oder verschwenderische Erben verloren.

Eines der Geheimnisse von *Zakât* und *Infâq* (wohltätigen Abgaben) besteht darin, daß sie ein Hindernis für das ungebremste Wachstum privaten Kapitals darstellen und eine dadurch begünstigte Ausnutzung der Schwächeren verhindern, sowie dem Haß auf die Wohlhabenden den Nährboden entziehen. Wenn Reichtum zu Angeberei und Überheblichkeit führt, erwartet die Begüterten ein trauriges Ende. Dabei sind die Menschen innerhalb einer Gesellschaft – ganz gleich, ob sie nun Helfende oder hilfsbedürftig sind – sowohl materiell als auch spirituell aufeinander angewiesen. In dieser göttlichen Ordnung liegt eine große Weisheit, deren Lehren wir uns nicht verschließen dürfen.

Wir sollten uns stets bewußt sein, daß jeglicher Besitz (*mulk*[45]) im absoluten Sinne ganz allein Allah gehört. Daß Menschen in der Welt zu Besitz gelangen, gleicht einer Art vorübergehen-

{Dann werdet ihr an jenem Tage für die Gnadengaben zur Rechenschaft gezogen werden.}
Qur'ân, 102:8

44. Qur'ân, 2:276
45. Das hier verwendete, ursprünglich arabische Wort *mulk*, türk. *mülk* wird sowohl mit „Reich“, „Grundbesitz“, „Besitz“ als auch „Herrschaft“ übersetzt.

der Besitzübertragung. Jeder Mensch, der auf diese Welt kommt, ist nach einer Weile gezwungen, seinen Besitz an einen anderen abzugeben und diese Welt wieder zu verlassen. So verkündet Allah, der Erhabene, im edlen Qur'ân:

{*O ihr Menschen, ihr seid arme Bedürftige vor Allah, Allah jedoch, Er ist der Reiche, allen Lobpreises Würdige.*}[46]

{*Allahs ist das Reich der Himmel und der Erde; und Allah besitzt Macht über alle Dinge.*}[47]

Wie aus diesen Versen deutlich wird, gehört das Reich weder einzelnen Menschen noch dem Volk. Das Reich gehört in Wirklichkeit Allah ganz allein. Die Menschen leben in Seinem Reich, ernähren sich von der Nahrung, die Er ihnen zuteilt und was immer ihnen gegeben wird, steht ihnen nur für eine zeitlich begrenzte Nutznießung zur Verfügung Ein Dichter beschreibt dies mit folgenden Worten:

Alle sind nur Durchreisende, die Welt gleicht einem Gästehaus,

Kein Âdam findet sich, der dauerhaft darin verweilte – welch sonderbares Domizil,

Ein Leichentuch ist sein letztes Kapital, sei er reich oder arm,

Unbegreiflich, daß jemand sich betören läßt; wenn er nicht verrückt ist, was ist er dann?

Besitz, Reichtum und gesellschaftliche Stellung sind Ursachen der größten Prüfungen für den

46. Qur'ân, 35:15
47. Qur'ân, 3:189

„Die Freigiebigkeit ist ein Baum von den Bäumen des Paradieses, dessen Äste bis in diese Welt reichen. Wer einen dieser Äste ergreift, wird von diesem ins Paradies geführt."
Al-Bayhaqî, Schu´âb al-Îmân, VII, 435

„Ich fürchte für euch, daß sich nach meinem Tode die Gaben des Diesseits und seine Zierden eröffnen werden und ihr euch dem Streit um weltliche Dinge hingebt."
Sahîh Bukhârî, Riqâq, 7

Menschen. Einmal wurde dem König Sulaymân – Allah schenke ihm Frieden – sein ganzes sagenumwobenes Reich genommen und erst nachdem er Allah demütig und voller Reue um Vergebung gebeten hatte, wurde es ihm wiedergegeben. Einer der Gottesfreunde zog aus dieser und ähnlichen Geschichten folgende Lehre:

> *„Lauf' nicht der Versorgung nach, sondern suche nach dem Versorger!"*

Das traurige Ende derer, die die *Zakât* vernachlässigen

Das Vermögen ist, wie schon mehrfach erwähnt, eine Leihgabe Allahs an Seine Diener. Wenn Reichtum entgegen den Bestimmungen der göttlichen Gebote genutzt wird, verleitet er die Menschen zu ungezügeltem Verhalten und jeder nur denkbaren Form von Selbstherrlichkeit, Grausamkeit und Ungerechtigkeit. Bei jenen, denen solches Unheil widerfährt, ergreift die Liebe zum Wohlstand ganz und gar Besitz von ihren Herzen. Die Tatsache, daß Allah, der Erhabene von all den Gaben des Diesseits allein Besitz und Nachkommenschaft als *Fitna*[48] bezeichnet, liegt in der Gefahr begründet, daß diese in einem Maße vom Herzen eines Menschen Besitz ergreifen können, das an Vergötterung erinnert. Um jene, die derart gestrauchelt sind, zu warnen, verkündet Allah, der majestätisch All-Erhabene:

48. In diesem Zusammenhang wird das Wort *Fitna* in seiner ursprünglichen Bedeutung im Sinne von „Prüfung" verwandt.

{*Und jenen, die Gold und Silber horten und es nicht auf dem Wege Allahs verwenden – verheiße ihnen eine schmerzliche Strafe. An jenem Tage, an dem es (Gold und Silber) im Höllenfeuer glühend gemacht wird und ihre Stirnen und ihre Seiten und ihre Rücken damit gebrandmarkt werden (wird zu ihnen gesagt werden): „Dies ist, was ihr für euch selbst gehortet habt; nun schmeckt, was ihr zu horten pflegtet.“*}[49]

Und Allahs Gesandter – Segen und Frieden seien auf ihm – sagte:

> „Jeden Morgen steigen zwei Engel herab zur Erde. Einer von ihnen bittet: „O mein Herr! Beschenke den, der seinen Besitz auf dem Weg der Wahrheit ausgibt, aus Deiner Güte!“ Während der zweite sagt: „O mein Herr! Mache den Besitz des Geizigen zunichte!“[50]

In einem anderen Ausspruch des Propheten – Allah segne ihn und schenke ihm Frieden – heißt es:

> „Die Freigiebigkeit ist ein Baum von den Bäumen des Paradieses, dessen Äste bis in diese Welt reichen. Wer einen seiner Äste ergreift, wird von diesem ins Paradies geführt. Geiz ist ein Baum von den Bäumen der Hölle, dessen Äste bis in diese Welt reichen. Wer einen davon ergreift, wird von ihm hinab in die Hölle gezogen.“[51]

„Kinder spielen Kaufmann, doch sie machen keinen echten Gewinn. Sie vertreiben sich nur die Zeit. Ein Kind, daß im Spiel ein Geschäft besaß, kommt am Abend trotzdem hungrig nach Haus. Diese Welt gleicht dem Spielplatz dieser Kinder.“

Maulânâ Jalâluddîn Rûmî

---

49. Qur'ân, 9:34-35
50. *Sahîh Muslim*, *Zakât*, 57
51. Al-Bayhaqî, *Schu'âb al-Îmân*, VII, 435

Der Prophet verheißt damit jenen, die ihre materiellen Gottesdienste, wie *Zakât*, *Sadaqa*, *´Uschr* und *Infâq* verrichten, Gutes und warnt jene, die in ihrem Geiz eine gefährliche Achtlosigkeit an den Tag legen, mit eindringlichen Worten!

In den segensreichen Versen des Heiligen Qur'ân und den ehrwürdigen *Hadîthen* wird deutlich, welch trauriges Ende derjenige nehmen wird, in dessen Herz sich die Liebe zu den Gütern dieser Welt einnistet, so daß die Bedürftigen um ihr Recht gebracht werden. Über die diesbezüglichen göttlichen Mahnungen sollte man intensiv nachdenken und sich dann bemühen, zusätzlich zur *Zakât*, *Sadaqa* und *Infâq* zu geben, und damit über die reine Pflichtabgabe, die ein Vierzigstel beträgt, hinauszugehen. Allah, der All-Gnädige, weist Seinen Dienern diesbezüglich den Weg, wenn Er im Heiligen Qur'ân zu Seinem Gesandten – Segen und Friede seien auf ihm – sagt:

{*Und sie befragen dich, was sie spenden sollen. Sprich: „Das Entbehrliche!" So macht euch Allah die Zeichen klar, auf daß ihr nachdenken möget*}[52]

Die gesegneten Prophetengefährten motivierten einander ständig gegenseitig zu Wohltätigkeit und Spenden. Als vor dem Feldzug nach Tabûk ´Umar – möge Allah mit ihm zufrieden sein – die Hälfte seines Besitzes spendete, übertraf ihn Abû Bakr – möge Allah mit ihm zufrieden sein –, indem er sein ganzes Vermögen hingab. Als ihn der Gesandte Allahs – Allah segne ihn schenke ihm Frieden – daraufhin fragte: „Was hast du für

„Sei wohltätig, auf daß auch dir Wohltat erwiesen werde."
Sahîh Bukhârî, Tauhîd, 35

52. Qur'ân, 2:219

deine Familie und Kinder behalten?" antwortete er: „Allah und Seinen Gesandten!"[53]

Auch folgender Vorfall, der sich zwischen einem der Rechtsgelehrten und dem bekannten *Sûfi*-Meister Scheikh Schiblî abspielte, ist als Motivation für segensreiches Handeln äußerst lehrreich:

Um ihn auf die Probe zu stellen, fragte einmal ein Rechtsgelehrter den Scheikh Schiblî – möge Allah ihm barmherzig sein – wie viel von seinem Eigentum er zu wohltätigen Zwecken abgeben müsse. Der ehrwürdige Scheikh Schiblî sagte:

„Soll ich dir entsprechend dem Verständnis der Rechtsgelehrten oder der Rechtsschule derer, die Allah von ganzem Herzen lieben, antworten?"

Der Rechtsgelehrte meinte: „Die Antwort sollte allen beiden entsprechen!"

Da sagte Schiblî:

„Nach Auffassung der Rechtsgelehrten muß das Vermögen ein ganzes Jahr in den Händen seines Besitzers sein, bevor es *Zakât*-pflichtig wird. Danach ist ein Vierzigstel des Betrages fällig. Von einem Betrag von 200 Dirham sind demnach 5 Dirham *Zakât* zu entrichten. Nach der Rechtsschule der Liebenden hingegen sollte man die ganzen 200 Dirham weggeben und anschließend Allah danken, daß Er einen von dieser Last befreit hat."

Der Rechtsgelehrte antwortete:

„Wir nehmen unsere Rechtsschule nur von den großen Gelehrten des Islam!"

53. Abû Dawûd, *Zakât*, 40

{Und euer Herr ließ euch verkünden: "Wenn ihr Mir dankbar seid, gewähre Ich euch mehr}
Qur'ân, 14:7

„Was ist nur mit dem Menschen los, daß er zum Sklaven von Gold und weltlichem Besitz wird? Was nützt ihm all das, was nicht auf dem Wege Allahs ausgegeben wird? Welch erbärmlicher Zustand, weltlichem Besitz verfallen zu sein und sich an seiner Türschwelle wie eine Schlange hin und her zu winden!"

Maulânâ Jalâluddîn Rûmî

Woraufhin ihm Scheikh Schiblî antwortete:

„Wir nehmen unsere Rechtsschule von Abû Bakr, dem Wahrhaftigen, der sein ganzes Vermögen dem Ehrwürdigsten des gesamten Universums, dem Gesandten Allahs – Segen und Friede seien auf ihm – zu Füßen legte."

Allahs Gesandter – Segen und Frieden seien auf ihm –, der seinen Gefährten die Liebe zum Spenden um Allahs willen geradezu einimpfte, war auch persönlich das beste Beispiel für diesen Geist der Wohltätigkeit. Einmal hatte er – Allah segne ihn und schenke ihm Frieden – für seine Familie ein Schaf geschlachtet und den größten Teil davon verteilt. Als er fragte:

„Was ist davon übrig geblieben?", antwortete Â'îscha – möge Allah mit ihr zufrieden sein:

„Nur eine Schulter ist uns geblieben."

Da sagte der Prophet – Allah segne ihn und schenke ihm Frieden:

„Sag doch lieber, daß uns alles bis auf diese eine Schulter geblieben ist."[54]

Die spirituelle Stufe des höchstgepriesenen Propheten – Allah segne ihn und schenke ihm Frieden – war derart, daß er, wenn er Gold oder Silber im Hause hatte, nicht einschlafen konnte, bevor er diese weggegeben hatte. Von der Allgemeinheit der Muslime erwartete er aber keineswegs, daß sie ihm im gleichen Maße an Freigiebigkeit folgten, sondern er riet ihnen in seiner Weisheit zur Wohltätigkeit entsprechend der jeweiligen Kapazität ihrer Herzen. Obwohl er den

54. Tirmidhî, *Sifâtu l-Qiyâma*, 33

gesamten Besitz Abû Bakrs – möge Allah mit ihm zufrieden sein – als Spende akzeptierte, empfahl er einem anderen Gefährten:

> „Behalte einen Teil deines Besitzes für dich selbst, denn das ist besser für dich."[55]

Zusammenfassend läßt sich sagen, daß der Islam die Entscheidung darüber, in welchem Maße die Wohlhabenden, über die Pflichtabgaben hinaus – entsprechend ihrer wirtschaftlichen Lage und der Weite ihrer Herzen – den Bedürftigen Unterstützung gewähren möchten, ihnen selbst überläßt. So kritisierte es Abû Dharr – möge Allah mit ihm zufrieden sein – wenn Geld, das die täglichen Grundbedürfnisse überschritt, nicht wohltätig gespendet wurde und mehr als einen Tag unangetastet blieb, während Abdur-Rahmân ibn ´Auf – möge Allah mit ihm zufrieden sein – es nicht beanstandete, wenn ein Teil des Erwerbs, in Anbetracht möglicher Bedürfnisse in der Zukunft, gespart wurde. Er nahm sogar jede erdenkliche Mühe auf sich, um mehr zu verdienen, als er täglich brauchte, bemühte sich andererseits aber ständig um das Wohlergehen anderer Muslime. Manchmal blieb er dabei selbst hungrig, während er anderen zu essen gab. Diese und ihnen gleichgesinnte Menschen bewahrten in ihren Herzen das Bewußtsein, einzig und allein Verwalter ihres Vermögens zu sein.

Geld gehört nicht ins Herz, sondern ins Portemonnaie.

Alle jene Besitzer von Wohlstand, denen ihr ewiges Seelenheil etwas bedeutet, sollten in dem Bewußtsein leben, daß ihr Rechtsstatus in dieser

55. *Sahîh Bukhârî, Maghâzî*, 79

Wie sollte es möglich sein, mit viel Besitz beladen, Segnungen zu erlangen, wenn der Segen doch auf dem Reichtum der Dankbarkeit beruht? Der wirkliche Gebieter ist, im Diesseits und im Jenseits, der All-Gnädige; darum folge dem Weg des Dieners, der wahre Dankbarkeit entbietet!
Rahmeti

Welt dem eines Verwalters gleicht und daß sie mit Sicherheit eines Tages dem wirklichen Eigentümer aller Dinge, Allah dem Erhabenen, Rede und Antwort stehen müssen, so wie es in einem Vers des Heiligen Qur'ân beschrieben wird:

{*Dann werdet ihr an jenem Tage* (*der Wiederauferstehung*) *für die Gnadengaben zur Rechenschaft gezogen werden.*}[56]

Darum vergessen die Herzen derer, die mit Erkenntnis gesegnet sind, nie das weise Wort: „Für rechtmäßig Erworbenes muß man Rechenschaft ablegen, für Unrechtmäßiges folgt die Strafe."

Deswegen gleichen jene Wohlhabenden, die, dem unersättlichen Wunsch und Streben nach Weltlichem verfallen, unfähig zu wohltätigem Handeln sind, Lastträgern, die ununterbrochen Holz heranschleppen, um es anschließend direkt ins Feuer zu werfen.

❁

Zu arbeiten, um auf lauterem Weg Besitz zu erwerben, ist in der Tat ein Verhalten, das der Islam als rechtschaffen und begrüßenswert erachtet. Nur sollte der Besitz dann auch auf dem Wege Allahs ausgeben werden, anstatt ihn zu vergöttern oder ins Herz zu schließen. Andernfalls macht das Vermögen den Menschen im Diesseits zu seinem Lastenträger und bringt ihm im Jenseits eine schmerzliche Strafe.

Die beste Einstellung zu weltlichem Besitz besteht darin, das Geheimnis der edlen Worte des

56. Qur'ân, 102:8

Propheten – möge Allah ihn segnen und ihm Frieden schenken – zu verwirklichen, der sagte: „Der vorzüglichste unter den Menschen ist jener, der den Menschen am hilfreichsten ist."[57] Geld gehört nicht ins Herz, sondern ins Portemonnaie. Wie trefflich beschreibt ein weiser Dichter die Gedankenlosigkeit der Menschen in seinen Versen:

Ein Gästehaus ist diese elende Welt,
Im Handumdrehen gleicht eins dem anderen – Heimstatt und Ruine.
Einer unsäglich sinnlosen Liebe laufe ich nach:
In diesem Gästehaus wollt' ich mich häuslich niederlassen.

Es ist entscheidend, zu begreifen, daß die Bittgebete der Bedürftigen und Notleidenden eine wichtige Quelle inneren Friedens für die Besitzenden und Mächtigen sind, denn diese Gebete stellen für sie eine spirituelle Unterstützung dar. Ebenso sollte man wissen, daß Armut und Bedürftigkeit weder eine Schande noch Zeichen von Faulheit sind, sondern eine diesseitige Erscheinung, deren Entsprechung im Jenseits möglicherweise strahlende Weisheit und Güte sind.

Freigiebige, dankbare Reiche und geduldige, ehrbare Arme sind, sowohl hinsichtlich ihrer menschlichen Würde als auch was das göttliche Wohlgefallen anbelangt, auf das Engste mit einander verbunden. Der Islam verurteilt überhebliche Arme ebenso wie selbstherrliche, herzlose Reiche.

57. Suyûtî, *al-Jâmi´ as-Saghîr*, II, 8

„Ein Weniges an Besitz, für das man Allah dankbar sein kann, ist besser als großer Besitz, für den man nicht entsprechend danken kann!"
Tabarî, Jâmi´ l-Bayân, XIV, 370

„Wenn der Sohn Âdams zwei Täler voll mit Gold besäße, so würde er nach einem dritten streben. Allein die Erde kann den Hunger des Sohnes Âdams stillen."
Sahîh Bukhârî, Riqâq, 10

Deshalb betete der ehrwürdige Gesandte Allahs – Segen und Frieden seien auf ihm:

> „O mein Herr! Ich suche Zuflucht bei Dir vor den Versuchungen der Armut und des Reichtums."[58]

Wahrhaft reich ist ein Mensch, der edle Eigenschaften wie Genügsamkeit, Gottvertrauen und Hingabe besitzt. Daher muß jeder Diener, der sich die Geschenke gottgefälligen Charakters und himmlischer Gnade wünscht, die Bedürftigen und Notleidenden an den weltlichen Gaben, die ihm zugeteilt wurden, Teil haben lassen. Das Ziel ist, ein Gläubiger zu werden, der anderen hilfsbereit begegnet, und vor dessen Hand und Zunge die Menschen sicher sind.

Die *Zakât* ist ein tatkräftiger Ausdruck der Dankbarkeit für Eigentum und Vermögen. Darüber hinaus verspricht Allah der All-Gnädige dem Dankbaren noch, ihm Seine Gaben zu mehren, indem Er sagt:

{*Und euer Herr ließ euch verkünden: „Wenn ihr Mir dankbar seid, gewähre Ich euch mehr…"*}[59]

Unser ehrwürdiger Prophet – Allahs Segen und Frieden seien auf ihm – liebte die Wohltätigkeit und hielt stets alle in seiner Umgebung dazu an. In einem *Hadîth qudsî*[60] heißt es:

58. *Sahîh Muslim, Dhikr*, 49
59. Qur'ân, 14:7
60. Ein *Hadîth Qudsî* ist eine Überlieferung, die eine direkte Eingebung Allahs an den Propheten – Allah segne ihn und schenke ihm Frieden – mit den Worten des Propheten wiedergibt (im Gegensatz zum Qur'ân, der das Wort Allahs, überbracht vom Erzengel Jibrîl, ist)

„Sei wohltätig, auf daß auch dir Wohltat erwiesen werde.“[61]

Manche Menschen, die in Bezug auf *Zakât* und *Infâq* achtlos sind, behaupten, anstatt ihre Fehler einzugestehen und um Vergebung zu bitten: „Ich habe hart gearbeitet und mir das alles selbst erworben.“ Aufgrund der Dunkelheit in ihren Herzen haben sie offensichtlich die göttliche Bestimmung vergessen und schauen zudem noch herablassend und in oftmals beleidigender Weise auf die Bedürftigen herab. Sie werden gewiß, so wie der unglückselige Qârûn, vom Zorn Allahs getroffen werden.

Qârûn, der zuvor ein armer und frommer Mensch gewesen war, gelangte durch die Anwendung alchemistischer Kenntnisse, die er von Mûsâ – Friede sei mit ihm – gelernt hatte, zu großem Reichtum. Weil er aber sein Herz nicht vor der Gier und dem Verlangen nach Weltlichem zu schützen wußte, verlor er all seine vorzüglichen und edlen Charaktereigenschaften. Wegen seines Reichtums verfiel er in Stolz und Hochmut. Er wurde – wie es im Heiligen Qur'ân heißt – aufsäßig. Am Ende sagt Allah über ihn:

{*Qârûn gehörte zum Volke Mûsâs und doch unterdrückte er sie hochmütig. Wir gaben ihm so viele Schätze, daß eine Schar kräftiger Männer die Schlüssel dazu nur mit Mühe hätten tragen können. Sein Volk sagte zu ihm: „Freue dich nicht über Gebühr, denn Allah liebt die übermütig Frohlockenden nicht!“*}[62]

„Wie schön ist doch rechtmäßig erworbener, nutzbringender Besitz in den Händen eines Rechtschaffenen!“
Ahmad ibn Hanbal, Musnad, IV, 202

61. *Sahîh Bukhârî*, Tauhîd, 35
62. Qur'ân, 28:76

Qârûn jedoch hielt sich angesichts der Ermahnungen Mûsâs – auf ihm sei der Friede Allahs – seine Ohren zu. Als Mûsâ – Friede sei mit ihm – ihn aufforderte, von seinem Eigentum die fällige *Zakât* zu entrichten, antwortete er, obwohl er seinen Reichtum letztendlich ihm zu verdanken hatte:

„Hast du ein Auge auf meinen Besitz geworfen? Dieses Geld habe ich erworben!"

Das weitere Geschehen wird im Qur'ân folgendermaßen beschrieben:

{*Suche stattdessen durch das, was Allah dir gegeben hat, die Wohnstatt des Jenseits und vergiß nicht deinen Anteil an dieser Welt; und tue Gutes, wie Allah dir Gutes getan hat; und stifte kein Unheil auf Erden; denn Allah liebt die Unheilstifter nicht.*

Er sprach: „Dies (der Wohlstand) wurde mir nur um des Wissens willen, das ich besitze, gegeben." Wußte er denn nicht, daß Allah schon vor ihm Geschlechter vernichtet hat, die gewaltigere Macht und größeren Reichtum besaßen als er? Und die Schuldigen werden nicht nach ihren Vergehen gefragt.

So ging er denn in all seinem Prunk hinaus zu seinem Volke. Jene nun, die nach dem Leben dieser Welt verlangten, sagten: „O wenn wir doch das gleiche besäßen wie das, was Qârûn gegeben wurde! Er ist wahrlich einer, dem großes Glück zuteil geworden ist."

Jene aber, denen Wissen gegeben wurde, sagten: „Wehe euch, Allahs Lohn ist besser für den, der

„O mein Herr! Ich suche Zuflucht bei Dir vor den Versuchungen der Armut und des Reichtums."
Sahîh Muslim, Dhikr, 49

glaubt und gute Werke tut, und keiner wird ihn erlangen außer den Geduldigen.“

Dann ließen Wir ihn und sein Haus von der Erde verschlingen und er hatte keine Schar, die ihm gegen Allah helfen konnte, noch konnte er sich retten. Und jene, die sich noch tags zuvor an seine Stelle gewünscht hatten, sagten: „Oh, schaut nur, es ist wahrlich Allah, der wem Er will von Seinen Dienern die Mittel zum Unterhalt erweitert und beschränkt. Wäre uns Allah nicht gnädig gewesen, hätte Er auch uns verschlingen lassen. Oh, schaut nur, die Ungläubigen haben nie Erfolg.“}[63]

Welch tragische Szene, in der einer seine ewige Glückseligkeit und den gesamten himmlischen Reichtum aus übertriebener weltlicher Ambition verspielt. Dies zeigt, was für ein schreckliches Ende denen droht, die sich in ihrer Liebe zu den Gütern dieser Welt verlieren und dabei das Jenseits ganz vergessen. So wurde Qârûn, nachdem ihm alle göttlichen Reichtümer und Gaben auf ewig verwehrt waren, im Jenseits zu einem Mitleid erregenden Habenichts. Denn die Heimstätte des Jenseits gehört denen, die ihr Leben gottesfürchtig, in lauterer Aufrichtigkeit und reiner Frömmigkeit, im Dienste Allahs verbringen, so wie es in dem edlen Vers verkündet wird:

{*Dies ist die Wohnstätte des Jenseits. Wir gewähren sie denjenigen, die sich auf Erden nicht in Arroganz erheben, noch Verderben stiften; und das gute Ende gebührt den Gottesfürchtigen.*}[64]

63. Qur'ân, 28:77-82
64. Qur'ân, 28:83

„Es ist ein Zeichen vortrefflichen Charakters, denjenigen, der zu euch kommt und bittend seine Hand ausstreckt, nicht leer ausgehen zu lassen, auch wenn eure Gabe nur eine einzige Dattel sein sollte. O Aischa! Auch wenn es nur eine halbe Dattel sein sollte, weise den Armen nicht zurück.“

Tirmidhî, Zuhd, 37

Der ehrwürdige Maulânâ Jalâluddîn Rûmî – möge Allah sein Geheimnis heiligen – beschreibt voller Verwunderung den Zustand jener, die dem weltlichen Besitz verfallen sind und als erbärmliche Verlierer ins Jenseits hinübergehen:

„Was ist nur mit dem Menschen los, daß er zum Sklaven von Gold und weltlichem Besitz wird? Was nützt ihm all das, was nicht auf dem Wege Allahs ausgegeben wird? Wer sind wir denn? Welch erbärmlicher Zustand, dem weltlichen Besitz verfallen zu sein und sich an seiner Türschwelle wie eine Schlange hin und her zu winden! Was, wenn nicht dies, ist die Ursache jenes Unheils, das Menschen am Ende mit leeren Händen in die Himmel bringt?"

Ein weiteres Beispiel für den Untergang eines Menschen, der – ähnlich dem Qârûn – gänzlich dem Streben nach Hab und Gut verfiel, ist Thalaba, über dessen Geschichte man nachdenken sollte, um daraus eine nützliche Lehre zu ziehen:

Thalaba, der einer der Muslime von Medina war, wollte unbedingt reich werden. Deshalb ging er zum Propheten – Allah segne ihn und schenke ihm Frieden – und bat diesen, für ihn um Reichtum zu beten. Der Prophet – Allah segne ihn und schenke ihm Frieden – antwortete:

„Ein Weniges an Besitz, für das man Allah dankbar sein kann, ist besser als großer Reichtum, für den man nicht entsprechend danken kann!"

So gab Thalaba für einige Zeit seinen Wunsch nach Wohlstand auf, doch bald erwachte sein

Sei du du selbst und verletze keinen Bedürftigen, womit auch immer, und überlasse dein Weniges an guten Werken nicht leichtfertig Schaytân!
Rahmeti

Verlangen aufs Neue, so daß er wieder zum Propheten kam – Allah segne ihn und schenke ihm Frieden – und diesen bat:

„O Gesandter Allahs, bitte Allah für mich um Reichtum!"

Diesmal antwortete ihm der Prophet – Allah segne ihn und schenke ihm Frieden:

„Bin ich nicht ein gutes Beispiel für dich? Ich schwöre bei Allah, daß, wenn ich es nur wünschte, diese Berge sich in Gold und Silber verwandeln und mir nachlaufen würden, wohin ich auch ginge, doch ich wünsche dies nicht!"

So verzichtete Thalaba wiederum auf sein Ansinnen. Aber der Drang in seinem Inneren hörte nicht auf. Dabei steigerte er sich in seiner Phantasie in die Idee: „Wenn ich erst reich bin, kann ich den Armen und Mittellosen helfen und so zu größerem Verdienst gelangen!", bis er es nicht mehr aushielt und ein drittes Mal zum erwürdigen Propheten – Allah segne ihn und schenke ihm Frieden – ging und sagte:

„Ich schwöre bei Dem, der dich als Propheten der Wahrheit gesandt hat, daß ich, wenn ich reich werde, die Armen und Mittellosen beschützen und jedem geben werde, was sein Recht ist."

Auf diese permanenten hartnäckigen Forderungen hin betete der Gesandte Allahs – Segen und Friede seien auf ihm:

„O mein Herr! Gib Thalaba den weltlichen Besitz, den er verlangt!"

Infolge dieses Bittgebets schenkte Allah der

{Schaytân droht euch mit Armut und befiehlt euch Schändliches, Allah aber verheißt euch Seine Vergebung und Huld. Und Allah ist allumfassend und allwissend.}
Qur'ân, 2: 268

Erhabene Thalaba bald darauf großen Reichtum. Innerhalb kurzer Zeit bedeckten seine Herden die Hügel von Medina. Thalaba jedoch, der bis dahin wegen seiner engen Bindung an die Moschee als einer der „Vögel der Moschee" gegolten hatte, ließ immer mehr in seiner Teilnahme am gemeinschaftlichen Gebet nach. Schließlich kam er nur noch zum Freitagsgebet. Und nachdem dies eine Weile so gegangen war, begann er, auch dieses auszulassen. Eines Tages, als der Prophet – Allah segne ihn und schenke ihm Frieden – nach ihm fragte und von seinem Zustand erfuhr, sagte er:

„Es ist Schade um Thalaba!"

Doch Thalabas Torheit und Achtlosigkeit hatten damit noch nicht ihren Höhepunkt erreicht. Als eines Tages die dazu Beauftragten zu ihm kamen, um die fällige *Zakât* einzusammeln, wurde er ungehalten und fuhr sie an:

„Was ihr hier tut, ist nichts anderes als Schutzgelder einzutreiben!"

Damit weigerte er sich sogar, das im Qur'ân vorgeschriebene Minimum an Abgaben für die Armen und Bedürftigen zu leisten. Seine Versprechen, den Armen mit seinem Reichtum zu helfen, waren längst vergessen, und er war zu einem Heuchler geworden. Die Haltung derartiger Menschen wird im Qur'ân folgendermaßen beschrieben:

{*Und unter ihnen sind manche, die Allah versprachen: „Wenn Er uns von Seinen Gnadengaben gibt, dann wollen wir bestimmt Spenden geben und unter den Rechtschaffenen sein."*

„Das Geben von Spenden verringert in keiner Weise den Besitz, und Allah der Erhabene verleiht dem, der verzeiht, Würde; und Allah erhöht denjenigen, der demütig ist."
Sahîh Muslim, Birr, 69

Doch als Er ihnen dann von Seinen Gnadengaben schenkte, geizten sie damit und wandten sich ab.}[65]

Indem er den Rat des Propheten – Allah segne ihn und schenke ihm Frieden – ignorierte, verlor Thalaba allen göttlichen Segen und wurde zu einer jener bemitleidenswerten Gestalten, die – geblendet vom vergänglichen Glanz irdischer Güter – im Jenseits in die Tiefen ewiger Armut hinabstürzen. Als er schließlich, unter reuigem Wehklagen im Sterben lag, klangen ihm die Worte des Propheten – Allah segne ihn und schenke ihm Frieden – in den Ohren:

„Ein Weniges an Besitz, für das man Allah dankbar sein kann, ist besser als großer Besitz, für den man nicht entsprechend danken kann!"

Thalaba hatte den Warnungen des Propheten – Allah segne ihn und schenke ihm Frieden – kein Gehör geschenkt und starb in völliger Niedergeschlagenheit unter großen Schmerzen. Um eines kurzlebigen Glücks willen – das er für grenzenlose Freuden hielt – hatte er auf törichte Art und Weise seine ewige Glückseligkeit verspielt.

Wie anhand vieler lebender Beispiele deutlich zu sehen ist, entspricht selbstsüchtiges Verlangen nach den Gütern dieser Welt weitgehend der Natur des Menschen. Das Ego sucht und findet seine Befriedigung im grenzenlosen Anhäufen materieller Reichtümer. Einmal von dieser Sucht besessen, gibt sich der Mensch niemals zufrieden. Das folgende Prophetenwort beschreibt die grenzenlose Habgier der Menschen:

65. Qur'ân, 9:75-76

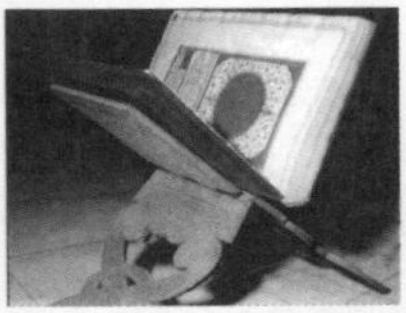

„Das Leben in dieser Welt ist wie ein Traum. In dieser Welt Besitz anzuhäufen gleicht der Suche nach einem Schatz im Traum. Der Wohlstand dieser Welt bleibt doch immer in dieser Welt zurück."

Maulânâ Jalâluddîn Rûmî

„Der Sohn Âdams sagt immerzu: „Mein Besitz, mein Besitz!" O Sohn Âdams! Besitzt du irgendetwas anderes als das, was du gegessen oder benutzt, angezogen oder abgenutzt hast, oder was du, indem du es als Spende gabst, als Verdienst vorausgeschickt hast?"

Sahîh Muslim, Zuhd, 3-4

„Wenn der Sohn Âdams zwei Täler voll mit Gold besäße, so würde er nach einem dritten streben. Allein die Erde kann den Hunger des Sohnes Âdams stillen"[66]

Mit wachsendem Wohlstand nimmt auch die Habgier zu. Wenn er im Netz des Verlangens nach weltlichem Besitz gefangen ist, verliert der Mensch seine humanen Werte wie Barmherzigkeit, Liebe und Opferbereitschaft. Spenden und andere Formen von Wohltätigkeit werden für ihn zu einer äußerst schwierigen Angelegenheit, weil ihm das Ego ständig einredet:

„Gib nicht jetzt, sondern später! Warte lieber, bis du noch reicher bist, dann kannst du viel mehr geben!"

Ein solcher Mensch wird seelisch krank und leidet körperlich. Auf jene, die so die Möglichkeiten, die ihnen in dieser Welt gegeben sind, ungenutzt lassen, trifft das Sprichwort zu:

„Wer sagt, ich werde es morgen tun, der wird dadurch zunichte werden!"

Die oben wiedergegebene Geschichte Thalabas zeigt nicht nur die Folgen menschlicher Habgier auf, sondern verdeutlicht darüber hinaus die schrecklichen Konsequenzen, die eine Verletzung der Grundsätze guten Benehmens beim Bittgebet nach sich ziehen kann; denn wenn wir versuchen, das Bittgebet zum Erzwingen eines bestimmten Schicksals zu mißbrauchen, sind schlimme Folgen unausweichlich. Deshalb sollten wir, wenn wir Allah den Allmächtigen um

---

66. *Sahîh Bukhârî*, *Riqâq*, 10. (Anm. d. Übers.: Mit „Erde" ist hier die Erde im Grab gemeint.)

etwas bitten, uns nicht allein auf unser eigenes, beschränktes Verständnis verlassen, sondern unserer Bitte hinzufügen: „Wenn es dem göttlichen Willen entspricht und darin Segen liegt, nimm unsere Bitte an!" Ansonsten kann uns großer Schaden entstehen, weil wir nicht sehen, welches Übel sich eventuell in der Gabe verbirgt, die wir so sehr erbitten.

Bittgebete sind, genau wie Spenden, ein Mittel, um Unheil abzuwenden. Doch sollten wir nicht allein auf unseren Verstand vertrauen, wenn wir Allah um eine Änderung unseres Schicksals bitten, weil diese nicht immer unbedingt zu unserem Besten sein muß. Das Bittgebet ist nicht nur erlaubt und empfohlen, sondern es ist ein Geschenk Allahs und erfüllt Sein Gebot. Doch wenn wir die Wünsche unseres Egos und die Vorstellungen unserer Phantasie zum Gegenstand unserer Bittgebete machen, sollten wir nicht darauf bestehen, daß der Inhalt unserer Bitten stets richtig und gut für uns ist. Aus diesem Grunde sollten wir stets sagen: „O Herr, erfülle meine Bitte, wenn darin Segen liegt!"

Damit Besitz wirklichen Nutzen bringt, besteht, wie man sieht, die Notwendigkeit, ihn auf rechtschaffene Weise im Sinne der göttlichen Gebote zu verwenden. Dies ist sowohl für das weltliche als auch das jenseitige Heil des Einzelnen und der Gesellschaft unabdingbar.

Der Islam kritisiert in der Tat keineswegs das Reich-Sein an sich, sondern gewinnt ihm, unter Einhaltung bestimmter Grundsätze, durchaus positive Seiten ab. So sagte unser Meister, der

„Wenn zu dem Achtlosen der Todesengel kommt, um ihn aus seinem Traum zu wecken, wundert sich der Bedauernswerte, welche Qualen ihm sein Besitz beim Verlassen dieser Welt bereitet. Tausendfach bereut er seine Schuld, jedoch die Zeit des Handelns ist verstrichen und alles ist vorbei."

Maulânâ Jalâluddîn Rûmî

Das Wahrzeichen der Liebe ist die Hingabe. Der Liebende gibt sich dem Geliebten entsprechend dem Grad seiner Liebe hin und empfindet dies als Genuß. Dies geht so weit, daß ein leidenschaftlich Liebender bereit ist, sein Leben für das Objekt seiner Leidenschaft hinzugeben.

Höchstgeehrte des Universums – Allahs Segen und Friede seien auf ihm:

> „Wie schön ist doch rechtmäßig erworbener, nutzbringender Besitz in den Händen eines Rechtschaffenen!“[67]

So motivierte er die Menschen auch zum Besitzerwerb. Darüber hinaus ist es im Islam höchst unbeliebt, wenn jemand, der sich sehr wohl aus eigener Kraft versorgen könnte, dennoch bei anderen Menschen die Hand aufhält.

Nach einer Überlieferung des Anas ibn Mâlik – möge Allah mit ihm zufrieden sein – kam eines Tages ein Mann zum Gesandten Allahs – Segen und Friede seien auf ihm – und bat ihn um eine Spende. Unser ehrwürdiger Meister Muhammad – Allah segne ihn und schenke ihm Frieden – fragte ihn:

„Hast du überhaupt nichts zu Hause?“

Der Mann sagte:

„Wir besitzen ein Tuch, das wir teils anziehen und teils als Unterlage benutzen, sowie einen Becher, aus dem wir Wasser trinken.“

Der ehrwürdige Prophet ließ ihn die Gegenstände herbeibringen. Nachdem er diese Dinge persönlich für zwei Dirham verkauft hatte, sagte er zu dem Mann:

„Kauf' mit einem Dirham Essen ein und gib es deiner Familie, mit dem anderen Dirham kauf' eine Axt und komme damit zu mir.“

---

67. Ahmad ibn Hanbal, *Musnad*, IV, 202

Der Mann kaufte eine Axt und kam zu unserem Propheten – Allah segne ihn und schenke ihm Frieden – und der Gesandte Allahs sagte:

„Geh los und sammle Holz und verkaufe es! Fünfzehn Tage will ich dich hier nicht sehen!"

Der Mann ging und sammelte einiges an Holz und verdiente mit dessen Verkauf zehn Dirham. Von diesem Geld kaufte er zum Teil Kleidung und von dem anderen Teil Essen. Daraufhin sagte der edle Gesandte Allahs – Segen und Friede seien auf ihm:

„Es ist für dich gesegneter, in diesem Zustand am Jüngsten Tage am Ort der Versammlung zu erscheinen, als mit dem schwarzen Fleck der Bettelei auf deinem Gesicht. Unterstützung zu verlangen ist nur folgenden Dreien erlaubt: einem Armen, der so arm ist, daß er vor Hunger am Boden kriecht, einem Menschen, der so viele Schulden hat, daß er nicht mehr in der Lage ist, deren Last zu tragen, und jemandem, der ein hohes Blutgeld nicht zahlen kann."[68]

Der Islam untersagt zwar den Bedürftigen nicht, andere um etwas zu bitten, er betrachtet dies jedoch als ein aus moralischer Sicht keineswegs empfehlenswertes Benehmen. Der ehrwürdige Prophet – Allah segne ihn und schenke ihm Frieden – sagte einmal zu einem Mann, der gewohnheitsmäßig jeden, der ihm begegnete, anbettelte:

> „Allah der Allmächtige hat die Verteilung der *Zakât* nicht der Entscheidung der Menschen und nicht einmal der Entschei-

{Die wahrhaft Gläubigen sind jene, die sich zu Allah und Seinem Gesandten bekennen und keinen Zweifel hegen und sich mit ihrem Besitz und ihrem Leben für Allahs Sache einsetzen. Dies sind die Wahrhaftigen.}
Qur'ân, 49:15

68. Siehe Abû Dâwûd, Zakât, 26

dung der Propheten überlassen! Er hat als deren Empfänger acht Kategorien von Menschen bestimmt. Wenn du zu einer dieser acht gehörst, werden wir dir den Anteil der *Zakât* geben, der dir zusteht!"[69]

Hier zeigt sich eine große Sorgfalt und Genauigkeit bezüglich der korrekten Verteilung der *Zakât*. Denn die *Zakât* darf nur jenen gegeben werden, die im Qur'ân erwähnt sind. Im Heiligen Qur'ân werden diese folgendermaßen kategorisiert:

{*Wahrlich, die Abgaben sind nur für die Armen und die Bedürftigen und für die mit ihrer Verwaltung Beauftragten und für die, deren Herzen gewonnen werden sollen, für die (Befreiung von) Sklaven und für die Verschuldeten, (sowie) für die, die sich für die Sache Allahs einsetzen, und für Reisende. Dies ist ein Gebot von Allah! Und Allah ist Allwissend, Allweise.*}[70]

Bei wohltätigen Spenden, die anderen als den im oben erwähnten Vers genannten Personen zugute kommen, handelt es sich um freiwillige gute Taten, die, unter der allgemeinen Bezeichnung *Khayrât*, außerhalb des Rahmens der Pflichtabgabe *Zakât* verrichtet werden. Der ehrwürdige Prophet – Allahs Segen und Friede seien auf ihm – gab jenen, die keiner der Gruppen angehörten, denen *Zakât* zusteht, nichts von den Gütern der *Zakât* und wies ein entsprechendes

„Deinem Glaubensbruder mit einem Lächeln zu begegnen, ist eine Spende."
Tirmidhi, Birr, 36

69. Al-Bayhaqî, *Sunan al-Kubrâ*, VII, 6
70. Qur'ân, 9:60; „Abgaben" bedeutet in diesem Vers – nach übereinstimmender Auffassung der Kommentatoren und Rechtsgelehrten – die reinigende Pflichtabgabe (*Zakât*).

Verlangen zurück. Was jedoch seine wohltätigen Spenden außerhalb der *Zakât* anging, verhielt er sich anders. In diesen Fällen folgte er persönlich der Aussage des edlen Qur'ânverses:

{*Und was den Bittenden betrifft, so weise ihn nicht ab!*}[71]

Und er sagte – Allah segne ihn und schenke ihm Frieden:

> „Es ist ein Zeichen vortrefflichen Charakters, denjenigen, der zu euch kommt und bittend seine Hand ausstreckt, nicht leer ausgehen zu lassen, auch wenn eure Gabe nur eine einzige Dattel sein sollte. O ´Â'ischa! Auch wenn es nur eine halbe Dattel sein sollte, weise den Armen nicht zurück."[72]

Inspiriert von diesem *Hadîth* gab der ehrwürdige Mûsâ Topbaş Efendi – möge Allah sein Geheimnis heiligen – selbst jenen etwas, die das Betteln zu ihrem Gewerbe gemacht hatten, wobei er sagte:

„Um sich nicht daran zu gewöhnen, nichts zu geben, sollte man immer etwas geben – und sei es auch wenig!"

Man sollte sich die Tatsache vor Augen halten, daß der Islam das Betteln nur in Notsituationen erlaubt, denn anderen Menschen gegenüber die Hand aufzuhalten ist ein äußerst erniedrigendes Verhalten. Aus diesem Grunde machte der Gesandte Allahs – Allahs Segen und Frieden seien auf ihm – es seinen Gefährten, als diese den

71. Qur'ân, 93:10
72. Tirmidhi, *Zuhd*, 37

„Es gibt drei Dinge, auf die ich schwören kann, merkt sie euch gut! Der Besitz des Gottesdieners wird durch Spenden nicht weniger; Allah erhöht die Ehre desjenigen, der, wenn ihm Unrecht geschieht, geduldig ist; und wer die Türe der Bettelei öffnet, dem öffnet Allah die Türe der Armut."

Tirmidhi, Zuhd, 17

„Wie schwarz und finster die Dunkelheit auch sein mag, es reicht, ein Streichholz anzuzünden, um das Dunkel zu erhellen!"

Maulânâ Jalâluddîn Rûmî

Treueschwur (*bay´ â*) leisteten, zur Bedingung, daß sie „von niemandem etwas fordern" sollten. Deshalb sollte man unter den Bedürftigen sehr wohl zwischen schamlosen und dreisten Tagedieben, die von jedermann Geld verlangen, und jenen, die ihre Armut und Sorgen still für sich behalten, unterscheiden. Allahs Gesandter – Segen und Friede seien auf ihm – sagte dazu:

> „Bedürftig ist nicht derjenige, der unter den Leuten umhergeht und hier und da um ein oder zwei Bissen oder ein, zwei Datteln bittet, sondern derjenige, der, obwohl er nicht genug besitzt, um seine Bedürfnisse zu befriedigen, die Leute aus innerem Anstand und Feingefühl um nichts bitten mag. Wenn ihr wollt, könnt ihr es in dem Vers {*Sie betteln die Menschen nicht aufdringlich an.*}[73] nachlesen."[74]

Damit wies uns der Prophet – Allah segne ihn und schenke ihm Frieden – darauf hin, daß jene, die umhergehen und andere Menschen um Hilfe bitten, meist in der Lage sind, ihren Lebensunterhalt zu bestreiten, weshalb wir uns darauf konzentrieren sollten, jene nicht zu vernachlässigen, die niemanden bitten und ihre Armut in Geduld und Genügsamkeit ertragen. Im Heiligen Qur'ân wird daher betont, wie wichtig es ist, diese Menschen durch Wohltätigkeit zu unterstützen:

{*Die Spenden sind für die Armen, die – auf dem Wege Allahs – gehindert sind, sich frei im Land zu bewegen. Der Unwissende mag sie wegen*

73. Qur'ân, 2:273
74. *Sahîh Muslim*, *Zakât*, 108

ihrer Zurückhaltung für wohlhabend halten. Du aber erkennst sie an ihrem Auftreten. Sie betteln die Menschen nicht aufdringlich an. Und was immer ihr an Gutem spendet, wahrlich, Allah weiß es genau.}[75]

´Uschr – die Pflichtabgabe auf landwirtschaftliche Erzeugnisse

Eine fast in Vergessenheit geratene Form materiellen Gottesdienstes ist die *´Uschr* genannte Pflichtabgabe, die eine Art von *Zakât* auf landwirtschaftliche Produkten darstellt. Wer seine *´Uschr* nicht zahlt, steht vor Allah – genauso wie im Falle der gewöhnlichen *Zakât* – als Dieb und Übeltäter da, denn er beraubt die Armen, die Bedürftigen und jene, die auf dem Wege Allahs kämpfen, ihrer Rechte.

Wie überliefert wird, lebte einst im Jemen, in der Nähe der Stadt Sana´a, ein wohlhabender und freigiebiger Mann. Er besaß große Weingärten, Dattelhaine und Getreidefelder, die gute Erträge lieferten. Nach jeder Ernte verteilte er die *´Uschr* an die Armen, Hilflosen und Schwachen. Als er verstarb, erbten seine Nachkommen die Gärten und Felder, doch sie waren – im Gegensatz zu ihrem Vater – habgierig und geizig. Als die Erntezeit kam, meinten sie:

„Unsere Familie ist sehr groß und wir haben nicht viel Geld, laßt uns deshalb dieses Jahr die Ernte früh einbringen, bevor die Armen kommen und ihren Anteil verlangen, dann können wir alles für uns selbst behalten."

„Sucht Schutz vor dem Feuer, auch wenn es nur mit der Spende einer halben Dattel ist. Wer nicht einmal die finden kann, sollte sich mit guten und freundlichen Worten schützen."
Sahîh Bukhârî, Adab, 34

75. Qur'ân, 2:273

Nachdem sie dies beschlossen hatten, gingen sie am folgenden Tag ganz früh zu ihren Gärten, doch als sie dort ankamen, trauten sie ihren Augen nicht. Sie fragten einander, ob sie überhaupt am rechten Platze seien. Allah hatte sie für ihr bösen Absichten gestraft: die gesamten Gärten waren von einem Unwetter verwüstet worden, der Blitz war eingeschlagen und hatte alles verbrannt und verkohlt.

Solange ihr Vater großzügig die *'Uschr* entrichtet hatte und die frommen Bittgebete der Bedürftigen ihm sicher gewesen waren, hatten die Ländereien Früchte im Überfluß getragen. Doch nachdem die Erben in ihrer Achtlosigkeit die *'Uschr* hatten für sich behalten wollen, war der göttliche Segen Allahs, der auf diesen Gärten ruhte – und über dessen Ursachen sie sich offensichtlich nie Gedanken gemacht hatten – plötzlich verschwunden. Vor den Gefahren solch fahrlässiger Gedankenlosigkeit warnt Allah der Allweise im Heiligen Qur'ân, wenn Er sagt: {*und sei nicht einer der Achtlosen!*}[76]

Die oben erwähnte Begebenheit, die als „Geschichte der *Ashâb-i Darwan*" bekannt ist, wird im Heiligen Qur'ân folgendermaßen erwähnt:

{*Wir prüfen sie, wie Wir die Besitzer des Gartens prüften, als sie schworen, sie würden sicherlich seine Früchte am Morgen pflücken. Und sie machten keinen Vorbehalt. Da kam eine Heimsuchung deines Herrn über diesen, während sie schliefen; und am Morgen war der Garten verwüstet. Am Morgen riefen sie dann einander zu: „Geht in der Frühe zu eurem Feld hinaus,*

„Jede rechtschaffene, gute Tat ist eine Spende."
Sahîh Bukhârî, Adab, 33

76. Qur'ân, 7:205

wenn ihr ernten möchtet." Und sie machten sich auf den Weg und flüsterten einander dabei zu: „Kein Armer darf heute zu euch hinein, ihn zu betreten." Und sie gingen in der Frühe hin, mit der festen Absicht, geizig zu sein. Doch als sie ihn (den verwüsteten Garten) sahen, sagten sie: „Wahrlich, wir sind Irregeleitete! Nein, wir haben alles verloren."}[77]

Auf welch wunderbare Weise lehrt uns Allah durch diese edlen Verse, wie jene Undankbaren bereits in dieser Welt ein übles Ende nahmen, weil sie nicht bereit waren, zu teilen, was Allah ihnen geschenkt hatte, sondern auf hinterhältige Weise den Armen und Bedürftigen ihr Recht vorenthalten wollten. Denn für Ihn, der selbst die Geheimnisse im Innersten der Herzen kennt, gibt es nichts, das sich Seinem Wissen entzieht. Und Seine gewaltige Allmacht umfasst alle Dinge.

Meister Jalâluddîn Rûmî – möge Allah sein Geheimnis heiligen – sagt:

„Das Leben in dieser Welt ist wie ein Traum. In dieser Welt Besitz anzuhäufen gleicht der Suche nach einem Schatz im Traum. Der Wohlstand dieser Welt bleibt – von Generation zu Generation weitergereicht – doch immer in dieser Welt zurück.

Wenn dann zu dem Achtlosen der Todesengel kommt, um ihn aus seinem Traum zu wecken, wundert sich der Bedauernswerte, welche Qualen ihm sein Besitz beim Verlassen dieser Welt bereitet. Tausendfach bereut er seine Schuld, jedoch die Zeit des Handelns ist verstrichen und alles ist vorbei."

77. Qur'ân, 68:17-27

{Die Gottesfürchtigen sind jene, die in guten wie in schlechten Zeiten Spenden geben, den Zorn unterdrücken und den Menschen vergeben. Und Allah liebt diejenigen, die Gutes tun.}

Qur'ân, 3:134

Der ehrwürdige Führer der Gläubigen, ´Alî – möge Allah mit ihm zufrieden sein – drückte dies mit den weisen Worten aus: „Die Menschen sind in tiefem Schlaf versunken; erst wenn sie sterben, wachen sie auf."

Und im Heiligen Qur'ân beschreibt Allah, welches Gefühl endloser Reue beim Erwachen im Augenblick des Todes über denjenigen kommt, der nur nach den Gütern dieser Welt strebte. Dann wird er sagen:

{*„O mein Herr! Wenn Du mir nur für kurze Zeit Aufschub gewährtest, würde ich Spenden geben und einer der Rechtschaffenen sein."*}[78]

An jenem Tag wird es jedoch zu spät sein und seine Bitte wird nicht mehr erhört. Deshalb ermahnt Allah uns zu Beginn desselben Verses mit den Worten {*und spendet von dem, was Wir euch gegeben haben, bevor einen von euch der Tod ereilt*}, freigiebig für wohltätige Zwecke zu spenden, bevor uns ein solches unheilvolles Schicksal ereilt.

Kurz gesagt, sollte sich jeder Gläubige – in der Gewissheit, daß wir im Reiche des Allmächtigen von Seinen Gaben leben – peinlichst davor hüten, die materiellen Formen des Gottesdienstes zu vernachlässigen. Andernfalls muß er sich darüber im Klaren sein, daß er unweigerlich zu jenen Achtlosen gezählt werden wird, die sich nicht einmal bewußt sind, wessen Besitz sie wem vorenthalten.

Die Wohltätigkeit sollte jedem Gläubigen in Fleisch und Blut übergehen.

78. Qur'ân, 63:10

O unser Herr! Gewähre uns die Gnade, Dein Wohlgefallen zu erlangen, indem wir Dir dadurch hingebungsvoll und voller Enthusiasmus dienen, daß wir von unserem Besitz sowohl den offensichtlich Armen, als auch den in stiller Bescheidenheit verborgenen Bedürftigen den ihnen zustehenden Anteil zukommen lassen.

Âmin!

{O die ihr glaubt, spendet von dem Guten, das ihr erworben habt und dem, was Wir für euch aus der Erde hervorkommen lassen! Und sucht zum Spenden nicht das Schlechte aus, das ihr selbst nicht nehmen würdet, außer mit verschlossenen Augen.}

Qur'ân, 2:267

Infâq – die wohltätige Spende

Die Bedeutung von *Infâq*

Im Heiligen Qur'ân werden das Wort *Infâq* und davon abgeleitete Worte, die das Hingeben von Besitz – und sogar des eigenen Lebens – auf dem Wege Allahs beschreiben, über 200 Mal erwähnt. Allein diese Zahl sollte genügen, um Bedeutung und Wichtigkeit der wohltätigen Spende klar zu machen.

Beim zweiten Treueschwur von ´Aqaba fragte ´Abdullah ibn Rawâha – möge Allah mit ihm zufrieden sein:

„O Gesandter Allahs, was machst du im Namen deines Herrn und in deinem Namen für uns zur Bedingung, um unseren Treueschwur zu akzeptieren?"

Er antwortete – Allahs Segen und Friede seien auf ihm:

„Die Bedingung im Namen meines Herrn ist, daß ihr allein Ihn anbetet und Ihm keine Partner beigesellt. Meine Bedingung ist, daß ihr mich so beschützt, wie ihr euer eigenes Leben und euren eigenen Besitz beschützt."

Da fragten sie: „Wenn wir das tun, was wird unser Lohn dafür sein?"

Der Prophet – Allah segne ihn und schenke ihm Frieden – antwortete: „Das Paradies!"

Da sagten sie: „Welch guter und Gewinn bringender Handel! Wir werden niemals unser Ver-

{Ihr werdet nicht reine Rechtschaffenheit erlangen, bis ihr von dem spendet, was ihr liebt. Und was immer ihr spendet, wahrlich, Allah weiß es genau}
Qur'ân, 3:92

sprechen brechen und wir wünschen, daß niemals irgend jemand sein Versprechen dir gegenüber bricht!“[79]

Daraufhin offenbarte Allah der Allmächtige den folgenden Vers:

{*Allah hat von den Gläubigen ihr Leben und ihren Besitz erkauft, dafür daß ihnen das Paradies gehört...*}[80]

Die anschaulichste und idealste Erscheinungsform dieses „Verkaufs des eigenen Lebens an Allah“ stellen sicherlich die Märtyrer und Kämpfer für den Glauben dar.

Welch edles Beispiel bietet uns dafür die ehrwürdige Sumayya – möge Allah mit ihr zufrieden sein –, die als Erste der Muslime für ihren Glauben auf dem Wege Allahs ihr Leben ließ. So erwarb sie ihren Anteil am Paradies und erlangte einen Ehrenplatz in den Herzen der Gläubigen – in Erwartung des Jüngsten Tages und ihres ewigen himmlischen Lohns. Ihrem Beispiel folgend sollten auch wir, wenn es darum geht, wohltätig zu sein, uns mit unserem Besitz und unserem Leben einsetzen.

In der Dardanellenschlacht bei Canakkale (Gallipoli) verfügten die türkischen Truppen nicht einmal über ausreichende Munition, doch aufgrund ihrer Bereitschaft, ihr Leben einzusetzen, besiegten sie den Feind. Die Geschichte ist voller Beispiele dafür, wie diejenigen, die ihr Leben und ihren Besitz auf dem Wege Allahs opfern, letztendlich den Sieg erringen.

79. Ibn Kathîr, *Tafsîr*, II, 406
80. Qur'ân, 9:111

„Bilde dir nicht ein, du könntest durch Anhäufen von Geld nach oben gelangen. Ein stehendes Gewässer fängt an, zu stinken. Bemühe dich, freigiebig zu sein. Einem fließenden Gewässer hilft der Himmel. Er sendet Regen, sendet eine Flut und läßt ihn nicht vertrocknen.“

Scheikh Sa´dî Schirâzî

„Der Allmächtige hat keinem das Tor zum Guten verschlossen. Wisse, daß die gute Tat eines Jeden seiner Stufe entspricht. Wenn der Reiche aus seinem Schatz einen Zentner Gold gibt, ist das weniger als ein Karat, das ein Armer von seinem Arbeitslohn spendet.“
Scheikh Sa´dî Schirâzî

Der Ausdruck „seinen Besitz an Allah verkaufen“ ist eine Metapher, die ein Hingeben von Besitz auf dem Wege Allahs beschreibt. Der All-Erhabene erwähnt dies als eine der grundlegenden Eigenschaften der Gottesfürchtigen, indem Er sagt:

{*Die Gottesfürchtigen, ... die von dem spenden, womit Wir sie versorgt haben.*}[81]

Es gibt vielfältige Formen von Wohltätigkeit (*Sadaqa* und *Infâq*), die allesamt Ausdruck der Hingabe an Allah sind. *Sadaqa* und *Infâq* beginnen damit, von dem zu geben, was man gerade hat. Selbst eine halbe Dattel zu geben gilt als ein Akt der Wohltätigkeit, und selbst diese winzige Gabe kann ausreichen, den Gläubigen vor dem Höllenfeuer zu retten. In den Augen des Propheten – Allah segne ihn und schenke ihm Frieden – sind alle Muslime reich, weil jeder in irgendeiner Form in der Lage ist, etwas zu geben. So hat er – Allah segne ihn und schenke ihm Frieden – die Gläubigen durch seine Aussprüche wissen lassen, daß Gutes zu gebieten, Unterdrückten beizustehen, einem Gläubigen Trost zu spenden, leidende Herzen zu erfreuen, das Entfernen gefährlicher Gegenstände vom Weg, Krankenbesuche und viele ähnliche Handlungen, allesamt als wohltätige Spenden gelten. All diese Dinge sind unabhängig von materiellem Wohlstand. Das heißt, daß selbst der Schwächste unter den Gläubigen Möglichkeiten besitzt, zu spenden und wohltätig zu sein.

Gute Taten werden nicht nur mit Besitz getätigt. Auch unzählige und von jedermann durch-

81. Qur'ân, 2:3

führbare Handlungen, wie jemandem den Weg zu weisen, jemanden zu trösten oder ihm einen guten Rat zu geben, sowie den Menschen freundlich zu begegnen; all dies sind Handlungen, die gesellschaftliche Zufriedenheit und Harmonie, Brüderlichkeit und gegenseitiges Verantwortungsgefühl Wirklichkeit werden lassen.

Spenden und Schenkungen, die eine Hilfe für die armen und bedrängten Mitglieder der Gesellschaft bedeuten, sind ein Quell diesseitigen und jenseitigen Segens, weil sie den Erhalt gesellschaftlicher Harmonie und Ordnung gewährleisten. Die folgende Geschichte ist ein schönes Beispiel dafür:

Als einmal ein Bettler zu ´Alî kam – möge Allah mit ihm zufrieden sein – und ihn um eine Spende bat, schickte er seine beiden Söhne Hasan und Husayn mit den Worten los:

„Lauft zu eurer Mutter und bringt mir die sechs Dirham, die wir zu Hause haben!“

Sie liefen nach Hause und brachten ihrem Vater die sechs Dirham und er gab sie dem Bettler, obwohl sie das Geld selbst gut hätten gebrauchen können, denn Fâtima – möge Allah mit ihr zufrieden sein – hatte vorgehabt, davon Mehl zu kaufen.

´Alî – möge Allah mit ihm zufrieden sein – ging zurück nach Hause. Kaum war er zu Hause angekommen, als ein Mann zu ihm kam, der vergeblich versucht hatte, auf dem Markt sein Kamel zu verkaufen. Er sagte, er wolle nur einhundertvierzig Dirham für das Kamel haben und wäre auch einverstanden, sein Geld erst zu

Zakât und Infâq sind Hilfsmittel, um den Menschen durch die Entfaltung von Seele, Persönlichkeit und Charakter vom Joch des Materiellen zu befreien.

„Spende dein Hab und Gut, deinen Besitz und Reichtum in vortrefflicher Weise und gewinne ein Herz, auf daß das Gebet jenes Herzens dir die tiefdunkle Nacht deines Grabes erhellen und dein Lichtglanz sein möge!"

Maulânâ Jalâluddîn Rûmî

einem späteren Zeitpunkt zu bekommen. Er band das Kamel an der Haustür an und zog weiter. Nicht lange danach erschien ein Mann, der das Kamel für zweihundert Dirham kaufte. Er zahlte die Summe auf der Stelle und nahm das Kamel mit.

Daraufhin gab ´Alî – möge Allah mit ihm zufrieden sein – dem Verkäufer des Kamels seine einhundertvierzig Dirham und Fâtima den Rest des Geldes. Dabei sagte er zu ihr:

„Dies ist das Versprechen, das Allah gegeben hat: {*Demjenigen, der eine gute Tat vollbringt, wird sie zehnfach vergolten werden*}.[82] Wir haben sechs Dirham gegeben und Allah, der Erhabene, hat uns mit dem Zehnfachen belohnt."

Allah der Allmächtige sagt über derartigen Segen darüber hinaus: {*Gibt es einen anderen Lohn für das Gute – außer dem Guten?*}.[83] Dementsprechend öffnen einerseits *Zakât* und wohltätige Spenden den Gottesdienern unzählige Tore der Barmherzigkeit, während sie andererseits die Tore des Übels schließen.

Auch die folgende Begebenheit, die sich in Istanbul in den Tagen der größten Anarchie abgespielt hat, ist ein lehrreiches Beispiel für die Wahrheit dieser Worte:

Eine Bande von fünf oder sechs Räubern überfiel einen großen Lebensmittelladen und verlangte den Kasseninhalt. Dem Besitzer, einem alten Mann, blieb keine andere Wahl, als nachzugeben. Als er ihnen gerade die Kasse aufmachen

82. Qur'ân, 6:160
83. Qur'ân, 55:60

wollte, erkannte einer der Räuber, der bis dahin vor der Türe Wache gehalten hatte, den Ladenbesitzer. Er verließ seinen Posten, stellte sich schützend vor den alten Mann und wandte sich an seine Kumpane, wobei er seine Pistole auf sie richtete, indem er sagte:

„Wir gehen jetzt hier 'raus und nehmen keine einzige Lira mit!"

Seine Kumpane waren vollkommen überrascht und sagten:

„Wir haben doch schon so viele Läden ausgeraubt und du hast nie etwas gesagt, was ist denn plötzlich los mit dir? Geh' aus dem Weg und laß' uns die Sache zu Ende bringen!"

Da antwortete er ihnen, entschlossen und beschämt zugleich:

„Wir werden aus diesem Laden nicht einmal eine Stecknadel mitnehmen! Wenn ihr darauf besteht, dann nur über meine Leiche! Wißt ihr, wer dieser alte Mann ist? Er ist derjenige, der meine Familie unterstützt hat, während ich meine Zeit in Kneipen und mit Glücksspiel verbracht und meine Familie vernachlässigt habe. Er hat sich wie ein Vater liebevoll um sie gekümmert und für die Ausbildung meiner Kinder gesorgt. Also hört auf, mich zu bedrängen und laßt den Mann in Frieden."

Angesichts dieser Lage senkten seine Kumpane die Köpfe, entschuldigten sich und verließen den Laden, ohne auch nur eine Lira mitzunehmen.

Dies ist ein wahres, lehrreiches Beispiel für den weltlichen Nutzen wohltätigen Handelns auf dem

„Der Besitzlose ist ein Spiegel der Freigiebigkeit. Sagt ja nichts, das den Spiegel des Herzens zerbrechen oder beschlagen läßt."
Maulânâ Jalâluddîn Rûmî

{Diejenigen, die ihren Besitz auf dem Weg Allahs hingeben, und dann dem, was sie gespendet haben, weder Vorhaltung noch Kränkung folgen lassen, denen wird ihr Lohn von ihrem Herrn zuteil, und keine Furcht soll über sie kommen, noch werden sie traurig sein.}
Qur'ân, 2:262

Wege Allahs und ein Beweis für die Wahrheit des weisen Wortes: „Ein Weniges an Spenden wendet großes Unheil ab."

Die vollkommensten Beispiele für die Unterstützung der Armen und Notleidenden sowie selbstlose Hilfe bei der Lösung ihrer Probleme können wir im Leben des Höchstgeehrten des Universums – Allah segne ihn und schenke ihm Frieden – finden. Er war bestrebt, die Freigiebigkeit zu einem untrennbaren Charakterzug eines jeden Muslims zu machen. Deshalb sagte er:

> „Die obere (gebende) Hand ist besser als die untere (nehmende)!"[84]

und:

> „Auf Niemanden sollte man neidisch sein, außer auf diese zwei: Einen Mann, dem Allah Wohlstand geschenkt hat und der ihn auf rechte Weise ausgibt, sowie einen, dem Allah Wissen verliehen hat, und der es in die Tat umsetzt und an andere weitergibt."[85]

Andererseits bat er Allah: „O mein Herr! Laß' mich als einen der Armen leben, laß' mich als einen der Armen sterben und laß' mich auferstehen mit den Armen!"[86] und machte seine gesegnete Moschee zu einem Zufluchtsort der Armen und Bedürftigen, indem er den Hilflosen, Besitzlosen und Obdachlosen einen Teil derselben zur Verfügung stellte.

---

84. *Sahîh Bukhârî*, *Zakât*, 18
85. *Sahîh Bukhârî*, *'Ilm*, 15
86. Tirmidhi, *Zuhd*, 37

Genauso wie um alle anderen armen Menschen kümmerte er sich auch um diese *Ashâb-i Suffa* (Gefährten der Bank) genannten Gefährten mit äußerster Zuwendung – stets bemüht, ihnen ihre Sorgen abzunehmen – und war ihnen mit seiner eigenen bescheidenen Lebensweise der beste Trost. Mit Worten wie:

> „Die Armen (die vor Allah keine Rechenschaft über Vermögen ablegen müssen) werden einen halben Tag (nach irdischer Zeitrechnung fünfhundert Jahre) vor den Reichen ins Paradies eingehen."[87]

und:

> „Die Reichen (die Besitz anhäufen, ohne ihn auf dem Wege Allahs auszugeben) sind (am Jüngsten Tage) die wirklich Armen (weil sie mit leeren Händen dastehen werden)."[88]

brachte der Prophet – Allah segne ihn und schenke ihm Frieden – zum Ausdruck, daß wirkliche Stärke und Würde nicht etwa auf Wohlstand, sondern auf Vorzüglichkeit des Charakters und Gottesfurcht beruhen.

Die Armen, denen das Glück wohltätige Spenden für ihre *Umma* zu geben versagt blieb, tröstete er, indem er sagte: „Sucht Schutz vor dem Feuer, auch wenn es nur mit (der Spende) einer halben Dattel ist. Wer nicht einmal die finden kann, sollte sich mit guten und freundlichen Worten schützen."[89] So stillte er ihre Sehnsucht danach,

{Diejenigen, die ihren Besitz bei Nacht und Tag – im Verborgenen und öffentlich – spenden, denen wird ihr Lohn von ihrem Herrn zuteil, und keine Furcht soll über sie kommen noch werden sie traurig sein.}
Qur'ân, 2:274

87. Tirmidhi, *Zuhd*, 37
88. *Sahîh Bukhârî*, *Riqâq*, 13
89. *Sahîh Bukhârî*, *Adab*, 34

gute Werke zu tun, indem er sie wissen ließ, daß wohltätiges Spenden in jeder Lage möglich ist, weil für den, der nichts zum Spenden hat, aber gutes Benehmen pflegt und mit freundlichen Worten die Herzen erfreut, auch dies als Spende zählt. Und eine solche Spende ist viel gesegneter als eine, die mit Vorhaltungen und unhöflichem Benehmen einhergeht. So läßt uns Allah, der All-Erhabene, wissen:

{*Ein gütiges Wort und Verzeihung sind besser als eine Spende, der Ansprüche folgen; und Allah ist sich in Seinem Reichtum Selbst genug und milde.*}[90]

Die oben zitierten Äußerungen unseres ehrwürdigen Gesandten – Allah segne ihn und schenke ihm Frieden – messen weder Reichtum noch Armut einen absoluten Vorrang bei. Vielmehr verdeutlichen sie durch Betonung der positiven Aspekte beider Zustände und der Notwendigkeit, sich entsprechend zu verhalten, daß es das Wichtigste ist, mit der Lage, in der man sich jeweils befindet, zufrieden zu sein. Entscheidend ist, daß der Diener – unabhängig davon, ob er reich oder arm ist – sein Leben auf das göttliche Wohlgefallen hin ausrichtet.

Der ehrwürdige Prophet – Allahs Segen und Friede seien auf ihm – betrachtete alle Gläubigen als reich im Herzen. Obwohl Abû Dharr – möge Allah mit ihm zufrieden sein – einer jener gesegneten Prophetengefährten war, die wirklich absolut gar nichts besaßen, riet ihm der Gesandte Allahs – Segen und Friede seien auf ihm: „O Abû Dharr! Tu etwas Wasser in deine Suppe und

{O ihr Gläubigen, macht nicht eure Wohltätigkeit durch Vorhaltungen und verletzende Worte zunichte, wie der, der seinen Besitz ausgibt, um von den Leuten gesehen zu werden und nicht an Allah glaubt und an den Jüngsten Tag!}
Qur'ân, 2:264

90. Qur'ân, 2:263

spende wohltätig davon“[91], denn Abû Dharr – möge Allah mit ihm zufrieden sein – hatte nicht einmal Bohnen oder Linsen, die er in die Suppe hätte tun können.

Für den, der reich im Herzen ist, ist Armut im Geldbeutel kein Schaden. Wenn er neben seinem Herzensreichtum auch noch etwas im Portemonnaie hat, wird dies den Reichtum und die Schönheit in seinem Innern noch vermehren. Dagegen wird dem, der im Herzen arm ist, auch Reichtum im Portemonnaie nichts nützen. Er wird vielmehr die Armut seines Herzens noch vermehren. Wer sowohl im Herzen als auch im Portemonnaie arm ist – möge Allah uns davor bewahren – zählt zu den Unglücklichen in beiden Welten.

Der ehrwürdige Prophet – Allah segne ihn und schenke ihm Frieden – machte deutlich, daß wahrer Wohlstand nicht im Anhäufen und Besitz von Gütern, sondern im Reichtum des Herzens besteht. Der Maßstab wahren Reichtum ist dabei die Genügsamkeit. Die Genügsamkeit aber ist, wie es in einem edlen Prophetenwort heißt, „ein Schatz, der nie vergeht.“ Und die wahren Gläubigen sind jene, die den Segen dieses Reichtums besitzen und davon wohltätig spenden. Durch die Wohltätigkeit bringt ein Gläubiger sein Mitgefühl und sein Verantwortungsbewußtsein auf vollkommene Weise zum Ausdruck.

Als der Kalif ´Umar ibn al-Khattâb – möge Allah mit ihm zufrieden sein – sich nach Schâm[92]

„Kluge Menschen nehmen ihren Besitz und ihr Geld mit sich, auf dem Wege in die andere Welt (indem sie es vorher auf dem Wege Allahs wohltätig ausgeben), die Geizigen hingegen werden diese entbehren, weil sie sie hier zurückgelassen haben.“
Scheikh Sa´dî Schirâzî

91. *Sahîh Muslim, Birr*, 142
92. *Schâm* ist im weiteren Sinne ein Gebiet, das Syrien, Palästina, Jordanien, den Libanon und Teile der Türkei umfaßt, im engeren Sinne wird damit die Hauptstadt dieses Gebiets, Damaskus bezeichnet.

begab, begleitete ihn auf diesem Weg ein Sklave, mit dem er sich abwechselnd ein Kamel teilte. Als sie sich dem Stadttor näherten, war gerade der Sklave am Zug, auf dem Kamel zu reiten. Er wollte absteigen, damit der Kalif in die Stadt einreiten könne, doch der bestand darauf, daß der Sklave im Sattel blieb, und ʿUmar selbst betrat die Stadt zu Fuß, während der Sklave auf dem Kamel in die Stadt einritt. Ein solches Verhalten drückt eine kaum erreichbare Stufe des Empfindens für Wohltätigkeit (*infâq*) und der Bevorzugung anderer vor sich selbst (*îthâr*) aus.

Îthâr geht über das wohltätige Spenden hinaus; es bedeutet, auf sein Recht zu verzichten und anderen den Vorzug vor sich selbst zu geben. Diese Form von Wohltätigkeit ist in den modernen Gesellschaften unserer Zeit so gut wie ausgestorben. Trotzdem sollten wir die Menschen stets dazu ermuntern, über das Entrichten ihrer Pflichtabgabe hinaus nach Kräften wohltätig zu sein. Zusätzlich ist es sicherlich sinnvoll, die Verteilung der Spenden in möglichst professioneller Weise zu organisieren und Einrichtungen zu schaffen, die aufrichtige und eifrige Leute im Sinne des Islam ausbilden, so daß sie diese Aufgabe übernehmen können. Daneben gehört es zu den dringenden Aufgaben der Gemeinschaft der Muslime, Krankenhäuser und Unterkünfte für Wohnungslose und Bedürftige (z.B. Altersheime) einzurichten.

Die Wohltätigkeit (*infâq*) sollte jedem Gläubigen in Fleisch und Blut übergehen. Allah, der Allmächtige, sagt dazu im Heiligen Qur'ân:

„So, wie der Bedürftige der Freigiebigkeit und Güte bedarf, können sich Freigiebigkeit und Güte nur mit Hilfe der Bedürftigen manifestieren."
Maulânâ Jalâluddîn Rûmî

{*Die Gottesfürchtigen sind jene, die in guten wie in schlechten Zeiten freigiebig Spenden geben, den Zorn unterdrücken und den Menschen vergeben. Und Allah liebt diejenigen, die Gutes tun.*}[93]

Wie überliefert wird, besaß Jâ´far as-Sâdiq – möge Allah mit ihm zufrieden sein – einen Sklaven, der sich um seinen Haushalt kümmerte. Dieser brachte Jâ´far eines Tages eine Schüssel Suppe und goß dabei versehentlich die ganze Suppe über dessen Kleider. Als Jâ´far den Sklaven zornig anschaute, sagte jener:

„O mein Herr! Allah der Allmächtige beschreibt die Gläubigen im Qur'ân als diejenigen, die {*den Zorn unterdrücken*}!"

Darauf antwortete ihm Jâ´far – möge Allah mit ihm zufrieden sein:

„Ich unterdrücke meinen Zorn."

Da sagte der Sklave:

„Und Allah der Allmächtige sagt, daß die Gläubigen diejenigen sind, die {*den Menschen vergeben*}."

Jâ´far – möge Allah mit ihm zufrieden sein – antwortete:

„Ich vergebe dir."

Darauf sagte der Sklave:

„Und Allah sagt ebenfalls im Heiligen Qur'ân, daß Er diejenigen liebt, die {*freigiebig Spenden geben*}."

93. Qur'ân, 3:134

Das Diesseits wird durch drei Dinge zum Paradies: 1. Wohltätigkeit mit der Hand, mit der Zunge und mit dem Herzen; 2. indem Allah Seinen Dienern vergibt; 3. indem dem Ungerechten der Weg der Rechtleitung gewiesen wird.

„Nur folgende zwei Arten von Menschen sollte man beneiden: Einen, dem Allah den Qur'ân gegeben hat und der sich Tag und Nacht damit beschäftigt, und einen, dem Allah Besitz gegeben hat und der diesen Tag und Nacht auf Seinem Wege ausgibt."
Sahîh Bukhârî, 'Ilm, 15

Als er diese edlen Worte aus dem Munde seines Sklaven hörte, sagte Jâ´far – möge Allah mit ihm zufrieden sein:

„Dann geh' als freier Mann wohin du willst; ich schenke dir hiermit um Allahs willen die Freiheit!"

Der Gesandte Allahs – Allah segne ihn und schenke ihm Frieden – berichtete, daß eine Sünderin, die einem nach Wasser lechzenden Hund zu trinken gab, ins Paradies einging, weil ihr – allein wegen dieser barmherzigen Tat – ihre Sünden vergeben wurden, wohingegen eine Frau, die sich einer Katze gegenüber unbarmherzig verhielt und sie verhungern ließ, ins Höllenfeuer kam.[94] Dies sind lehrreiche Beispiele, die uns aufzeigen, in welche Richtung das Herz eines Muslims streben sollte. Ein Gläubiger sollte, dem Mondlicht gleich, die finstere Nacht erhellen; er sollte tiefgründig, mitfühlend, weichherzig, selbstlos, freigebig und barmherzig sein.

Wahre Wohltätigkeit, die von Allah angenommen wird, besteht darin, von dem zu geben, was einem selbst lieb und teuer ist. Eine wohltätige Spende bringt dem Gottesdiener nur in dem Maße göttliches Wohlgefallen, wie er dieser Anforderung gerecht wird.

Im goldenen Zeitalter des Islam, zu Lebzeiten des Propheten – Allah segne ihn und schenke ihm Frieden –, lebten in Medina einige arme Gefährten, die *Ashâb-i Suffa* (‚Gefährten der Bank') genannt wurden, und deren einzige Bleibe die Moschee war. Ihr ganzes Bestreben war, den

94. Siehe *Sahîh Muslim*, Salâm, 153, 151.

Glauben zu studieren, so daß sie keiner anderen Beschäftigung nachgingen. Die Wohlhabenden versorgten sie mit Essen. Dabei kam es vor, daß jemand ihnen verdorbene Datteln schickte. Weil sie hungrig waren und es sonst nichts gab, blieb den *Ashâb-i Suffa* nichts anderes übrig, als diese verdorbenen Datteln zu essen. Auf diesen traurigen Vorfall hin offenbarte Allah der Allmächtige die folgenden warnenden Worte:

{*O die ihr glaubt, spendet von dem Guten, das ihr erworben habt und dem, was Wir für euch aus der Erde hervorkommen lassen! Und sucht zum Spenden nicht das Schlechte aus, das ihr selbst nicht nehmen würdet, außer mit verschlossenen Augen. Und wisset, Allah ist sich in Seinem Reichtum Selbst genug und des Lobpreises würdig.*}[95]

In einem anderen segensreichen Vers teilt Allah der Erhaben uns mit, daß wir von dem spenden müssen, was uns lieb ist, wenn wir Seine Nähe suchen:

{*Ihr werdet nicht reine Rechtschaffenheit [birr] erlangen, bis ihr von dem spendet, was ihr liebt. Und was immer ihr spendet, wahrlich, Allah weiß es genau*}[96]

Das in diesem Vers benutzte Wort *Birr* beschreibt die Stufe der Vollkommenheit im Verrichten guter Werke, wird jedoch auch als göttliche Barmherzigkeit, das Wohlgefallen Allahs oder das Paradies interpretiert. In einem anderen Vers wird der Begriff *Birr* folgendermaßen erklärt:

95. Qur'ân, 2:267
96. Qur'ân, 3:92

Zur Zeit des Osmanischen Reiches gab es über 26.000 Stiftungen, die von selbstlosen Menschen gegründet und aufrecht erhalten wurden. Mit Hilfe dieser Stiftungen lebte die Bevölkerung dieses riesigen Weltreiches in einem ausgeglichenen Zustand gesellschaftlichen Einvernehmens.

{Wahrlich, diejenigen, die glauben und gute Werke tun und das Gebet verrichten und die Zakât entrichten, ihr Lohn ist bei ihrem Herrn, und keine Furcht soll über sie kommen, noch werden sie traurig sein.}
Qur'ân, 2:277

{Reine Rechtschaffenheit [birr] besteht nicht darin, daß ihr eure Gesichter nach Osten oder Westen wendet. Hingegen besteht reine Rechtschaffenheit darin, an Allah, den Jüngsten Tag, die Engel, an die Schrift und die Propheten zu glauben und aus Liebe zu Ihm vom Besitz zu spenden – für die Nahestehenden, die Waisen, die Bedürftigen, die Reisenden, die Bittenden und jene, die in Gefangenschaft sind, (sowie) das Gebet zu verrichten und die Zakât zu zahlen, Versprechen einzuhalten, wenn man sie gegeben hat, und geduldig zu sein im Angesicht von Armut, Not und Krieg; die dies tun sind die Wahrhaftigen, und diese sind die Gottesfürchtigen.}[97]

Wie man sieht, vereint dieser segensreiche Vers, der *Birr* beschreibt, viele jener vorzüglichen Eigenschaften, die ein Mensch besitzen sollte.

In unserer Gesellschaft, in der Gefühle der Brüderlichkeit und Solidarität verkümmern und gesellschaftliche Harmonie und innerer Friede dahinschwinden, während gleichzeitig Haß und Feindseligkeit ständig zunehmen, bedarf es einer ernsthaften Mobilisierung für die Zwecke der Wohltätigkeit und Fürsorge. Dies ist sowohl für uns selbst als auch für unsere Nachkommen von Bedeutung. Unsere Kinder sollten in dem Bewußtsein aufwachsen, daß der wahre Besitzer des Reiches Allah der Erhabene ist. So wie wir dafür verantwortlich dafür sind, unsere Kinder von klein auf an das Gebet zu gewöhnen, sind wir auch verpflichtet, ihnen die Begeisterung für Wohltätigkeit und den Gottesdienst durch das

97. Qur'ân, 2:177

Beglücken eines Notleidenden nahe zu bringen. Wenn uns dies nicht in jungen Jahren gelingt, dann sind wir für die nicht wieder gut zu machenden Konsequenzen verantwortlich.

Jeder Gläubige, der Anspruch auf geistige Reife erhebt, sollte – auch wenn seine Möglichkeiten begrenzt sind – die Bedürftigen und Notleidenden nach Kräften unterstützen, ihnen sein Herz zuwenden und für sie beten. Auch nur die Sorgen eines vom Kummer Geplagten zu teilen, ist bereits eine wohltätige Spende.

Daß die Erquickung gebrochener Herzen ein Mittel zur Annäherung an den Allmächtigen ist, wird aus der Geschichte Mûsâs – Friede sei mit ihm – , der nach Zuflucht bei Allah suchte, deutlich. Nach einer Überlieferung flehte er eines Tages Allah mit den Worten an: „O mein Herr! Wo soll ich dich nur suchen?" Und Allah, der Erhabene, antwortete: „Suche mich bei jenen, die gebrochenen Herzens sind."[98]

Heutzutage besteht eine der wichtigsten Formen von Wohltätigkeit darin, Institutionen zu schaffen, die qualifiziertes Führungspersonal ausbilden, denn, wie einmal ein großer Denker sagte:

„Der wichtigste Unterschied zwischen herrschenden und beherrschten Nationen besteht in einer Handvoll gut ausgebildeter Menschen!"

Die ganze Welt dürstet sehnsüchtig nach dieser Handvoll vollkommener Menschen.

Wenn die Gesellschaften der islamischen Welt sich heutzutage in einem schrecklichen Zustand präsentieren, liegen die Ursachen dafür vielfach

Die Zakât ist das beste Mittel und die wirksamste Medizin, um zu verhindern, daß Besitz sich wie ein schädliches Krebsgeschwür entwickelt.

98. Abû Nu´aym, *Hilyâ*, II, 364

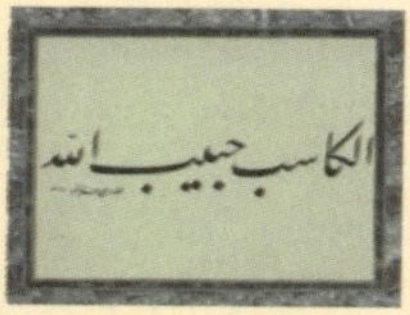

„O Sohn Âdams! Es ist besser für dich, den Besitz, den du entbehren kannst wohltätig zu spenden. Wenn du dies nicht tust, sondern ihn festzuhalten suchst, wird er dir Schaden bringen."
Tirmidhî, Zakât, 32

in Ungerechtigkeiten, die die Muslime nicht ohne weiteres auf die Schnelle beseitigen können. Wir sollten uns deshalb vor Augen halten, daß es in solchen Zeiten innerer Schwäche viel größerer religiöser und moralischer Anstrengungen bedarf, als in den Glanzperioden unserer Zivilisation. Unter dem Motto des Gotteswortes {*Wahrlich, mit der Schwierigkeit kommt die Erleichterung*}[99] sollten wir unsere Lethargie abschütteln und mit aller Kraft nach Auswegen suchen. Dies ist eine solch ernst zu nehmende Verantwortung, daß selbst Dinge, die unter anderen Umständen gut und richtig sein mögen, ihre Legitimität verlieren können. Ein Beispiel für eine solche Situation wäre eine Mutter, die in aller Ruhe ihr Kind stillt, während ihr Haus brennt. Aufgrund der dringenden Notwendigkeit, den Brand zu löschen, wird ihre, an und für sich legitime und verdienstvolle Handlung, ihr Kind zu stillen, für sie zu einer schwer lastenden Verfehlung. Diese, im Islam *Maslaha*[100] genannte Angelegenheit, ist von allergrößter Bedeutung. Es ist notwendig, genau zu untersuchen, worin die *Maslaha* in unserer Zeit besteht und sich entsprechend dafür einzusetzen. Nur wenn ihr dies gelingt, kann sich die islamische Welt aus der Krise, in der sie steckt, befreien.

---

99. Qur'ân, 94:5
100. Mit dem arabischen Wort *Maslaha* (wörtl.: Angelegenheit, Erfordernis, Nutzen, Wohl, Interesse) wird in der islamischen Rechtswissenschaft (*fiqh*) das Gemeinwohl oder öffentliche Interesse, besonders in der Abwägung unter- und übergeordneter Rechtsgüter, als übergeordnetes Erfordernis zum Wohle der Muslime, des muslimischen Gemeinwesens oder Staates bezeichnet.

Wie bereits oben erwähnt, sind die Stiftungen, die ein wichtiges Unterscheidungsmerkmal der islamischen Zivilisation gegenüber anderen Kulturen ausmachen, praktische und großartige Beispiele einer solchen präzisen Bewertung und der daraus resultierenden Erfüllung der Erfordernisse und Notwendigkeiten ihrer jeweiligen Gründungszeit.

Die Liebe zu seinem Besitz und seinen Nachkommen stellt die größte Versuchung für den Menschen dar. Es geschieht allzu leicht, daß er um ihretwillen sein Herz von Allah abwendet und sich nur noch auf seine eigenen Wünsche konzentriert. Aus diesem Grunde sagt Allah der Erhabene:

{*Eure Reichtümer und eure Kinder sind eine Versuchung; doch bei Allah ist großer Lohn.*}[101]

{*O die ihr glaubt, laßt euren Besitz und eure Kinder euch nicht vom Gedenken Allahs abhalten!*}[102]

Ort der Entrichtung wohltätiger Spenden sind vielfach die Stiftungen. Sie übernehmen für die Wohlhabenden eine Vermittlerrolle, damit deren Gaben die Bedürftigen zuverlässig erreichen; sie stellen eine Art Brücke dar. Die Hilfe begüterter Menschen, die ihre wohltätigen Spenden an solche Institutionen entrichten, erreicht durch diese Einrichtungen auch über den Tod der Spender hinaus die Bedürftigen.

„Wer richtig sein Gebet verrichtet und in rechter Weise die Zakât entrichtet, wird als aufrichtiger Gottesdiener die Brücke über den Höllenschlund leichten Fußes überschreiten!"
Rahmatî

101. Qur'ân, 64:15
102. Qur'ân, 63:9

{Männer, die weder Ware noch Handel vom Gedenken an Allah, von der Verrichtung des Gebets und dem Entrichten der Zakât abhalten; sie fürchten einen Tag, an dem Herzen und Augen gewendet werden.}
Qur'ân, 24:37

Das rechte Benehmen beim Geben wohltätiger Spenden

Bei der Entrichtung wohltätiger Abgaben, wie der *Zakât* und der *Sadaqa,* ist die Einhaltung der Regeln rechten Benehmens (*adab*) von größter Bedeutung. Insbesondere sollte sich der Gebende bewußt sein, daß er es ist, der dem Empfänger seiner Gaben zu Dank verpflichtet ist. Denn dieser bewahrt ihn davor, seine Pflicht schuldig zu bleiben und ermöglicht es ihm, den damit verbundenen göttlichen Lohn zu erwerben. Die gegebenen Spenden sind gleichzeitig wie ein Blitzableiter, der Krankheiten und Unheil von ihrem Spender abwendet. In der Tat stellen die Besitzlosen, Armen und Hilflosen für die Begüterten einen Quell der Segnungen dar, denn die Türen des Paradieses öffnen sich für sie durch deren Gebete.

Im Heiligen Qur'ân werden uns die beim Geben von Spenden zu beachtenden Regeln rechten Benehmens folgendermaßen beschrieben:

{*O ihr Gläubigen, macht nicht eure Wohltätigkeit durch Vorhaltungen und verletzende Worte zunichte, wie der, der seinen Besitz ausgibt, um von den Leuten gesehen zu werden und nicht an Allah glaubt und an den Jüngsten Tag!*}[103]

Dieser Vers lehrt uns – über die Empfehlung, wohltätige Spenden zu geben, hinaus – in deutlichen Worten, wie vorsichtig wir beim Geben sein müssen, um nicht unsere gute Tat zunichte zu machen, indem wir das Herz eines Menschen brechen oder ihn verletzen. Denn eine Spende,

103. Qur'ân, 2:264

die mit herablassendem Verhalten, unfreundlichen Worten oder erniedrigendem Gebaren verbunden ist, hat bei Allah keinerlei Wert.

Vom Gesandten Allahs – Segen und Friede seien auf ihm – wird berichtet, daß er sagte:

„Es gibt drei (Arten von) Personen, zu denen Allah am Jüngsten Tage nicht sprechen, noch auf sie schauen oder sie von ihrer Schuld freisprechen wird und denen eine schmerzliche Strafe bestimmt ist."

Als er dies dreimal wiederholte, fragte ihn Abû Dharr – möge Allah mit ihm zufrieden sein:

„Sie haben verspielt und verloren, wer sind diese Leute, O Gesandter Allahs?"

Daraufhin sagte der Prophet – Allah segne ihn und schenke ihm Frieden:

„Derjenige, der aus Stolz sein unteres Gewand auf dem Boden schleifen läßt, derjenige, der seine guten Taten mit Vorhaltungen verbindet und derjenige, der seine Waren mit falschen Schwüren verkauft."[104]

Diese Erklärungen zeigen deutlich, daß diejenigen, die ihre guten Taten mit Verpflichtungen oder Vorhaltungen an deren Empfänger verbinden oder deren Gefühle verletzen, dafür mit der Strafe Allahs rechnen müssen. Derartiges Benehmen beim Geben von Spenden gilt als große Sünde. Und Allah schaut auf die Herzen Seiner Diener. Meister Jalâluddîn Rûmî sagt dazu:

104. *Sahîh Muslim, Îmân*, 171

{Und Wir machten sie zu Vorbildern, die auf unser Geheiß die Menschen rechtleiteten, und Wir gaben ihnen ein, Gutes zu tun, das Gebet zu verrichten und die Zakât zu entrichten. Und sie dienten Uns allein.}

Qur'ân, 21:73

„Spende dein Hab und Gut, deinen Besitz und Reichtum in vortrefflicher Weise und gewinne ein Herz, auf daß das Gebet jenes Herzens dir die tiefdunkle Nacht deines Grabes erhellen und dein Lichtglanz sein möge!"

In seinen weisen Versen beschreibt Maulânâ Rûmî die Armut der Bedürftigen als Chance für die Reichen, ihrer Dankbarkeit gegenüber Allah Ausdruck zu verleihen. So wie Allah den Wohlhabenden von Seiner Gnadenfülle gibt, können sie die Gnadenfülle Allahs für die Armen widerspiegeln. Deshalb, sagt Rûmî, sollten sie sich unbedingt davor hüten, deren Herzen zu verletzen:

„Der Besitzlose ist ein Spiegel der Freigebigkeit. Sagt ja nichts, das den Spiegel des Herzens zerbrechen oder beschlagen läßt.

Die Gnadenfülle Allahs spiegelt sich in den Armen wider. Sie wenden sich denen zu, die es lieben, wohltätig zu sein und geben ihnen dadurch Gelegenheit, um Allahs willen zu spenden. So sind es in Wirklichkeit die Bedürftigen, die den Reichen den Weg zur Glückseligkeit ebnen. Eine weitere Manifestation göttlicher Gnadenfülle besteht darin, daß Er in den Herzen der Reichen Empfindungen der Liebe und Barmherzigkeit erweckt, so daß diese den Besitzlosen helfen.

So, wie der Bedürftige der Freigebigkeit und Güte bedarf, können sich Freigebigkeit und Güte nur mit Hilfe der Bedürftigen manifestieren. So wie eine Schöne nach einem staub- und rostfreien, glänzenden Spiegel sucht, um darin ihre Schönheit zu betrachten, braucht die Freigiebigkeit die

{Ihr seid diejenigen, die aufgerufen sind, auf Allahs Weg zu spenden; doch unter euch sind manche, die geizig sind. Und wer geizig ist, geizt nur gegen sich selber; und Allah ist sich in Seinem Reichtum Selbst genüge und ihr seid die bedürftigen Armen.}
Qur'ân, 47:38

Bedürftigen und Schwachen, um sich in ihnen widerzuspiegeln.

Die Besitzlosen sind Spiegel der Großzügigkeit des Allmächtigen. Den Besitzenden sind sie Spiegel ihres Mitgefühls. Jene Wohlhabenden, die in der Erkenntnis leben, daß all ihr Besitz nichts anderes ist, als ein ihnen kurzfristig anvertrautes Gut, werden – im Bewußtsein ihrer eigenen Nichtigkeit angesichts der göttlichen Gnade – zu Widerspiegelungen Seiner Freigiebigkeit. Sie haben sich ganz ihrem Herren hingegeben und, indem sie an Seiner Großzügigkeit teilhaben, im Meer Seiner göttlichen Freigiebigkeit aufgelöst.

Wer jedoch seinen weltlichen Besitz im Herzen trägt – ganz gleich ob es viel oder wenig ist – wird im Jenseits ein glückloser Habenichts sein. Diese Art von Menschen ist fern der Tür des Absolut Wirklichen. Ihr vergängliches Dasein gleicht Schmuck und Verzierungen an der Außenseite eines Portals.

Diese Reichen sind wahrhaft armselige Gestalten, Verarmte im spirituellen Sinne, denn ihre Herzen sind weit entfernt von Allah. Ihr äußerlicher Reichtum ist nichts als ein lebloses Abbild ihres unglückseligen Zustandes. Dies sind seelenlose Menschen, die der Wirklichkeit gegenüber achtlos sind. Nähere dich ihnen nicht, um Freundschaft mit ihnen zu schließen, wirf Scheinbildern von Hunden keine Knochen vor!

Stell diesen Toten keine Teller mit Essen hin! Suche nicht mit Lobesreden ihre Nähe! Diese Reichen werden im Jenseits bemitleidenswerte Bettler sein.

„Es gibt viele Besitzer von Vermögen, die ihre Abgaben jenen geben, die darauf kein Anrecht haben. Für sie wäre es besser, sie würden ihre Spenden gar nicht geben! Darum gib den Besitz, den Allah dir geschenkt hat, nur entsprechend dem Befehl Allahs aus!"

Maulânâ Jalâluddîn Rûmî

Sie sind keine Derwische auf dem geistigen Weg, sondern sie laufen dem Brot hinterher, und bilden sich dabei ein, ihr Elend sei Glückseligkeit. Sie essen und trinken – nach ihrer Ansicht – köstliche Speisen und süße Getränke, doch in der Wirklichkeit wird ihnen kein Bissen des göttlichen Mahls zuteil.

O du, der du nicht ein derart schlimmes Ende nehmen willst, umgib die Geschöpfe mit deiner Barmherzigkeit, auf daß du zu den Weisen zählen mögest!"

Ein wichtiges Prinzip besteht darin, das Geben von *Zakât* und *Sadaqa* sowie wohltätige Werke möglichst vor anderen verborgen zu halten, denn beim öffentlichen Verteilen von Spenden besteht zum einen die Gefahr, daß die Bedürftigen nach und nach ihre natürliche Scheu verlieren und sich daran gewöhnen, andere um Unterstützung zu bitten. Dann werden sie eher zu Untätigkeit neigen und das Interesse an Arbeit verlieren. Zum anderen kann öffentliches Spendengeben auch für die Spender leicht zur Falle werden, indem es sie zu Stolz, Arroganz und Selbstüberschätzung verleitet.

Natürlich kann es manchmal von Nutzen sein, Spender und Wohltäter öffentlich bekannt zu machen, um durch ihr gutes Beispiel die Bevölkerung zur Nachahmung zu ermuntern und die einfachen Leute zur Freigiebigkeit zu animieren. Aus diesem Grunde heißt es im Heiligen Qur'ân:

{*Wenn ihr Spenden offen gebt, so ist dies gut, und wenn ihr sie verbergt und sie den Armen*

„Klammere dich nicht an Besitz und Reichtum dieser Welt, damit du diesen, wenn einst der Zeitpunkt gekommen ist, ohne Mühe loslassen kannst! So wird dir der Verzicht und der Abschied leicht fallen und du erwirbst zudem jenseitigen Verdienst!"

Maulânâ Jalâluddîn Rûmî

gebt, so ist es besser für euch und bedeckt eure Missetaten, und Allah hat genaue Kenntnis von dem, was ihr tut.}[105]

Die Qur'ân-Kommentatoren haben diesen Vers dahingehend interpretiert, daß die *Zakât* öffentlich zu entrichten sei, während freiwillige Spenden und sonstige gute Werke im Verborgenen getätigt werden sollten.

Die vorzüglichste Art Spenden zu geben ist deshalb jene, bei der – im sprichwörtlichen Sinne – „die linke Hand nicht weiß, was die rechte gibt." Der ehrwürdige Prophet – Allah segne ihn und schenke ihm Frieden – verhieß denjenigen, die in dieser Weise spenden, daß sie am Jüngsten Tage im Schatten des göttlichen Throns ruhen werden.

Unsere ehrwürdigen Vorfahren verhielten sich – wie ein Blick in die Geschichtsbücher leicht erkennen läßt – beim Geben wohltätiger Spenden in eben solch beispielhafter Weise. So legten die Gründer großer, bekannter Stiftungen, wie der Osmanische Sultân Muhammad Fâtih, bei der Gründung ihrer Stiftungen äußerst strenge Bedingungen fest, um den feinen Richtlinien vortrefflichen Benehmens gegenüber den bedürftigen Spendenempfängern gerecht zu werden. Die einfachen Mitglieder dieses Volkes, dessen *Padischah* ein solch treffliches Benehmen vorlebte, hinterlegten ihre Spenden in Briefumschlägen an den Spendensteinen der Moscheen: von dort konnten die Bedürftigen nehmen, was ihrem Bedarf entsprach, ohne dabei die Spender zu Gesicht zu bekommen.

{O ihr, die ihr glaubt, fürchtet Allah; und eine jede Seele schaue, was sie für morgen vorausschickt. Und fürchtet Allah – wahrlich, Allah weiß genau um euer Tun.}
Qur'ân, 59:18

105. Qur'ân, 2:271

Wir müssen uns mit aller Kraft bemühen, zu Gläubigen zu werden, deren Wort und Tat anderen Menschen von Nutzen sind! Dann werden wir am Jüngsten Tag vor dem wahren Besitzer allen Besitzes mit reinem Gesicht erscheinen und unseren Herzen wird ewiger göttlicher Lohn zuteil.

Neben der grundsätzlichen Empfehlung, wohltätige Spenden im Verborgenen zu geben, wird im Heiligen Qur'ân jedoch auch – unter der Bedingung, daß dies nicht zu Augendienerei führt – zu öffentlichen Spenden ermuntert. Darüber hinaus gibt es für das Geben wohltätiger Spenden keinerlei zeitliche Einschränkungen; ein Gläubiger sollte zu jeder Zeit, bei Nacht oder Tag, und zu jeder Gelegenheit wohltätig sein. Diese Tatsache wird im Heiligen Qur'ân so ausgedrückt:

{*Diejenigen, die ihren Besitz bei Nacht und Tag – im Verborgenen und öffentlich – spenden, denen wird ihr Lohn von ihrem Herrn zuteil, und keine Furcht soll über sie kommen, noch werden sie traurig sein.*}[106]

Als Offenbarungsgrund dieses segensreichen Verses wird überliefert, daß der ehrwürdige Abû Bakr – möge Allah mit ihm zufrieden sein – in entsprechender Weise von seinem Vermögen von vierzigtausend Dinar zehntausend in der Nacht, zehntausend am Tage, zehntausend im Verborgenen und zehntausend öffentlich – und damit seinen gesamten Besitz – auf dem Wege Allahs hingab.[107]

Andererseits hat auch der ehrwürdige ´Alî ibn Abî Tâlib – möge Allah mit ihm zufrieden sein –, obwohl er nur vier Silber-Dirham besaß, einen davon in der Nacht, einen am Tage, einen im Verborgenen und einen öffentlich – und damit ebenfalls alles, was er besaß – auf dem Wege Allahs gespendet. Als der Prophet – Allahs Segen

106. Qur'ân, 2:274
107. Al-Alûsî, *Ruh al-Ma´âni*, III, 44

und Friede seien auf ihm – ihn fragte: „Warum hast du das so gemacht?" antwortete er: „Um zu erwerben, was mein Herr versprochen hat." Daraufhin verkündete ihm der Prophet – Allah segne ihn und schenke ihm Frieden – die frohe Botschaft: „Dir ist zuteil geworden, worauf du gehofft hast."[108]

Das Wahrzeichen der Liebe ist die Hingabe. Der Liebende gibt sich dem Geliebten entsprechend dem Grad seiner Liebe hin und empfindet dies als Genuß. Dies geht so weit, daß ein leidenschaftlich Liebender bereit ist, sein Leben für das Objekt seiner Leidenschaft hinzugeben. Die wohltätigen Gaben, die Allah Seiner Schöpfung schenkt, sind die schönsten Ausdrucksformen der Liebe des Liebenden für Seine Geliebten. Weil *Zakât* und wohltätige Spenden um Allahs willen gegeben werden, bringt Er im Heiligen Qur'ân zum Ausdruck, daß Er es ist, der die Spenden annimmt:

{*Wissen sie denn nicht, daß es Allah ist, der die Reue Seiner Diener akzeptiert und die Wohltätigkeit annimmt, und daß Allah der Allverzeihende, der All-Barmherzige ist?*}[109]

Um den Geist dieser Wahrheit zu bestätigen, sagte der Gesandte Allahs – Segen und Friede seien auf ihm:

> „Jede wohltätige Spende, die von rechtmässigem Besitz gegeben wird, nimmt Allah der Barmherzige mit seiner Hand [der Macht] entgegen und nimmt sie an."[110]

{Und Allah gehören die Schätze der Himmel und der Erde, allein die Heuchler begreifen es nicht.}
Qur'ân, 63:7

108. Al-Wâhidî, *Asbâbu al-Nuzûl al-Qur'ân*, 95
109. Qur'ân, 9:104
110. Siehe hierzu *Sahîh Muslim*, *Zakât*, 63.

„Der vertrauenswürdige, wahrhaftige und gottergebene Geschäftsmann wird am Jüngsten Tage gemeinsam mit den Märtyrern auferweckt werden."
Ibn Mâjah, Tijâra, 1

Infolgedessen ist eine der wichtigsten Bedingungen der *Zakât* und anderer wohltätiger Spenden, daß sie mit Aufrichtigkeit und einzig um Allahs willen gegeben werden. Diejenigen, die spenden, sollten niemals stolz auf ihre Wohltätigkeit sein, noch dafür Dank oder Verbundenheit erwarten. Derartige Gedanken oder Erwartungen machen Verdienst und Nutzen guter Taten zunichte. Im Gegenteil: die Spender sollten sich den Empfängern zu Dank verpflichtet fühlen. Nur so wird Allah diesen Gottesdienst der Wohltätigkeit akzeptieren.

In den folgenden Versen des Heiligen Qur'ân lehrt uns Allah, der Erhabene, in Anerkennung und Segnung des beispielhaften Verhaltens ´Âlîs und Fâtimas – möge Allah mit ihnen zufrieden sein –, die Vorzüglichkeit wohltätiger Spenden und das rechte Benehmen beim Spendengeben:

{*Und sie geben, aus Liebe zu Ihm, dem Armen, der Waise und dem Gefangenen zu essen, (und sagen:) „Wir geben euch um Allahs willen zu essen. Wir begehren von euch dafür weder Lohn noch Dank. Wahrlich, wir fürchten nur von unserem Herrn einen finsteren, unheilvollen Tag." Darum wird Allah sie vor dem Übel jenes Tages bewahren und ihnen Herzensfreude und Glückseligkeit bescheren.*}[111]

Diese segensreichen Verse enthalten eine ganze Reihe wichtiger Aussagen hinsichtlich des rechten Benehmens und Geistes beim Geben wohltätiger Spenden:

111. Qur'ân, 76:8-11

1. Sie weisen darauf hin, daß die Bevorzugung anderer Gläubiger vor sich selbst trotz eigener Bedürftigkeit eine erhabene Charaktereigenschaft darstellt.

2. Sie verkünden, daß wohltätige Spenden nicht weltlichen Zielen, sondern allein dem Wohlgefallen Allahs dienen dürfen.

3. Sie betonen, wie wichtig es ist, wohltätige Spenden zum Wohlgefallen Allahs zu geben, um damit zugleich eine schreckliche Strafe nach der Wiederauferstehung abzuwenden.

4. Sie verheißen, daß wohltätige Spenden, die voller Aufrichtigkeit gegeben wurden, die Anerkennung des Allmächtigen finden und das Gesicht ihres Spenders erstrahlen lassen werden.

5. Sie machen deutlich, daß Allah, der Erhabene, von den Gläubigen diese Art aufrichtiger Taten wünscht.

Wenn der Geber einer wohltätigen Spende in der Lage ist, die in diesem segensreichen Vers erwähnten erhabenen Charaktereigenschaften zu verwirklichen, wirken die Frömmigkeit und Aufrichtigkeit seines Herzens auch auf deren Empfänger. Dies kann dazu führen, daß – selbst wenn er nicht zum Empfang der Spende berechtigt war – die Milde Allahs des Erhabenen in seinem Inneren ein geistiges Erwachen bewirkt.

Wenn eine wohltätige Spende mit frommer Absicht gegeben wurde, wird dem Gebenden auch dann sein Lohn zuteil, wenn sie an jemanden ging, dem sie nicht zusteht.

„Die rechtmäßigste und beste Nahrung ist diejenige, die man selbst verdient hat.“
Ibn Mâjah, Tijâra, 1

„Rechtmäßiger Besitz und unrechtmäßiger Besitz finden beide irgendwann ein Ende, doch der Verdienst oder die Sünde, die man durch sie erworben hat, bleiben bestehen."
Abdu r-Rahmân al-Auzâ'î

Auf diese Tatsache wies der Gesandte Allahs – Segen und Friede seien auf ihm – hin, indem er die folgende Geschichte erzählte:

„Einmal sagte ein Mann: ‚Wahrlich, ich werde eine wohltätige Spende geben.' So ging er in der Nacht mit seiner Spende los und gab sie unwissentlich einem Dieb. Am nächsten Morgen sagten die Leute:

‚Merkwürdig, da hat jemand in der Nacht einem Dieb eine Spende gegeben!' Als er dies hörte, sagte er: ‚O Allah, aller Lobpreis gebührt Dir! Ich werde noch einmal spenden!'

So ging er wieder mit seiner Spende los und gab sie unwissentlich einer Hure. Am nächsten Morgen sagten die Leute: ‚Merkwürdig, da hat jemand letzte Nacht einer Hure eine Spende gegeben!' Als er dies hörte, sagte er: ‚O Allah, aller Lobpreis gebührt Dir! Ich habe meine Spende einer Hure gegeben. Ich werde noch einmal spenden!'

So ging er noch einmal mit einer Spende los und gab sie unwissentlich einem Reichen. Am nächsten Morgen sagten die Leute: ‚Merkwürdig, da hat jemand letzte Nacht einem Reichen eine Spende gegeben!' Als er dies hörte, sagte er:

‚O Allah, aller Lobpreis gebührt Dir! Ich habe meine Spenden einem Dieb, einer Hure und einem Wohlhabenden gegeben!'

Da erschien ihm im Traum eine Stimme und sagte:

‚Die Spende, die du dem Dieb gegeben hast, kann ihn vielleicht beschämen und vom Stehlen abbringen, die Spende, die du der Hure gegeben hast, kann sie von der Unzucht abhalten, so daß sie eine anständige Frau wird, und die Spende, die du dem Reichen gegeben hast, kann ihm eine Lehre sein, die ihn dazu bringt, den Besitz, den Allah ihm gegeben hat, auf dem Wege Allahs auszugeben.'"[112]

Zu den vielen Manifestationen der Weisheit dieser prophetischen Überlieferung gehört sicherlich auch die folgende Begebenheit aus dem Leben eines der Erben des Gesandten Allahs – Segen und Friede seien auf ihm –, des Gottesfreundes Mahmûd Sâmî Ramazanoglu Efendi, die uns von einem Augenzeugen berichtet wurde:

Während einer Reise durch Anatolien hielt jemand in Ürgüp sein Auto an und bat den ehrwürdigen Sâmî Efendi um Geld für Zigaretten. Scheikh Sâmî Efendi, der eine strahlende Sonne der Freigiebigkeit war, sagte, trotz der Proteste seiner Mitreisenden: „Da er um unsere Hilfe gebeten hat, ist es besser, ihm etwas zu geben!" und gab ihm den gewünschten Betrag.

Als der Bedürftige dieses freundliche Verhalten sah, änderte er seine Absicht, sagte: „Ich gehe jetzt und kaufe mir dafür Brot", und ging freudig davon.

Dies ist der positive Einfluß, den eine gute Tat, die mit frommer Absicht für Allah verrichtet wird, bei ihrem Empfänger bewirkt! Daher ist es bei der wohltätigen Spende wichtiger, darauf zu achten, was im Inneren unseres Herzens ist, als

112. *Sahîh Bukhârî, Zakât*, 14

„Wenn der Besitz in den Händen von Geizhälsen, die Waffen in den Händen von Feiglingen und die Entscheidungsgewalt in den Händen von Schwächlingen liegen, dann gehen die Dinge bergab."
Abû Bakr – möge Allah mit ihm zufrieden sein.

auf den Empfänger zu schauen. Welch großes Glück für uns, wenn wir auf diesem Weg zu echter Freigiebigkeit gelangen!

O unser Herr, mach' Du Deine grenzenlose Barmherzigkeit zu einem unerschöpflichen Schatz in der Welt unserer Herzen!

Âmîn!

„Sei freigiebig und rechne nicht ständig nach, sonst wird auch Allah in deinem Falle nachrechnen. Und horte keinen Besitz, sonst wird Allah ihn auch dir vorenthalten."

Sahîh Muslim, Zakât, 88

DIE *ZAKÂT* AUS DER PERSPEKTIVE DER RECHTSWISSENSCHAFT

Vorbedingungen für das Entrichten der *Zakât* [113]

Die Entrichtung der *Zakât* wird zur Pflicht, wenn folgende Voraussetzungen erfüllt sind:

1. Derjenige, der die *Zakât* zu entrichten hat, muß

   a) Muslim,

   b) geistig gesund,

   c) erwachsen und

   d) ein freier Mensch sein.

Die Barmherzigkeit beschert uns im Diesseits Seelenfrieden und im Jenseits die verheißene ewige Glückseligkeit.

---

113. Der Autor folgt in seinen Erklärungen zu den Bestimmungen der *Zakât* der Auslegung der hanafitischen Rechtsschule. Die rechtlichen Aspekte der *Zakât* können im Rahmen dieses Buches sicherlich nur in ihren Grundzügen dargestellt werden. Mit weitergehenden Fragen sollte man sich an qualifizierte Fachleute wenden. Darüber hinaus sind Informationen zu diesem Thema den entsprechenden Kapiteln der einschlägigen Werke der islamischen Rechtswissenschaften zu entnehmen. Unter den vom Autor hierzu im Originaltext an dieser Stelle empfohlenen türkischsprachigen Werken ist das von Ömer Nasuhi Bilmen verfaßte Buch *Büyük Islam Ilmihali* inzwischen unter dem Titel *Feinheiten Islamischen Glaubens* (Herausg. Astec GmbH) auch auf Deutsch erhältlich.

{Sprich: „Mein Herr vermehrt Seinen Dienern den Unterhalt oder vermindert ihn wem Er will. Was immer ihr an Spenden gebt, wird Er euch vergelten und Er ist der beste Versorger."}
Qur'ân, 34:39

2. Er muß – abgesehen vom persönlichen Grundbedarf und seinen Schulden – Vermögen in Höhe des erforderlichen Mindestbetrages (*nisâb*) besitzen. Zum persönlichen Grundbedarf zählen all jene Güter, die ein Mensch zum Erhalt des Lebens und seiner Freiheit benötigt. Dazu gehören: das Haus, welches er selbst bewohnt, alle möglichen Gebrauchsgegenstände – außer Gold oder Silber –, die im Hause benutzt werden, seine Kleider, ein Monats- oder – nach einer anderen Ansicht – Jahresunterhalt der Familienangehörigen, die er zu versorgen hat, Bücher, die er zum Lesen gekauft hat, sowie die für die Ausübung seines Handwerks oder Berufs benötigten Gerätschaften und Maschinen, und dergleichen mehr an allgemein notwendigen Gegenständen des täglichen Bedarfs.

Mit *Nisâb* wird der Mindestbetrag, von dem ab die Entrichtung der *Zakât* zur Pflicht wird, bezeichnet. Dieser Betrag ist je nach Art der *Zakât*-pflichtigen Güter unterschiedlich.

3. Das im Besitz befindliche Vermögen muß tatsächlich oder im juristischen Sinne Ertrag (*namâ'*) bringen. Das bedeutet, es muß seinem Besitzer Gewinn und Nutzen bringen. In der Terminologie des Steuerwesens wird diese Eigenschaft als das „Entstehen von Gewinn, Produktion oder Einkommen bzw. Vermehrung der Ware selbst" definiert. Die „tatsächliche" *Namâ'* ist die Vermehrung durch Zeugung und Geburt (bei Tierherden u.ä.) und Handel (bei Waren) oder vergleichbare Vorgänge. Die „juristische" *Namâ'* ist das Vorhandensein einer Ware, die sich potentiell vermehren kann und sich in

den Händen ihres Eigentümers oder seines Treuhänders befindet, so daß ein Zuwachs im Bereich des Möglichen liegt.

4. Es muss ein Mondjahr über den *Zakât*-pflichtigen Besitz vergangen sein.

Die *Zakât* ist nach dem Mondjahr, welches 354 Tage hat, mit einem Prozentsatz von 2,5% (auf Gold, Silber u.ä.) zu entrichten. Die meisten Unternehmen richten sich heutzutage in ihren Abrechnungen jedoch nach dem Sonnenjahr. Da das Sonnenjahr 365 Tage hat, muß in diesem Fall bei der Berechnung der *Zakât* eine Differenz von 11 Tagen berücksichtigt werden. Obwohl der allgemein gültige Prozentsatz der *Zakât* 2,5% pro Jahr beträgt, liegt dieser Betrag bei einer Berechnung auf der Grundlage des Sonnenjahres in diesem Falle bei knapp 2,6%.

5. Der *Zakât*-pflichtige Gegenstand muß in vollem Umfang Eigentum der betreffenden Person sein.

Es obliegt dem *Zakât*-Pflichtigen, die Richtlinien der Besitzübereignung (*tamlîk*) und der Überprüfung (*taharrin*), ob die jeweiligen Empfänger zum Erhalt der *Zakât* berechtigt sind, sorgfältig einzuhalten, denn die Gültigkeit seiner *Zakât* hängt davon ab. Mit *Tamlîk* bezeichnet man die Übereignung von Besitz, das heißt, daß die *Zakât* tatsächlich in die Hände ihres Empfängers gelangt und in dessen Eigentum übergeht. *Taharrin* nennt man in diesem Zusammenhang die Untersuchung, die der Abgabe der *Zakât* vorangehen muß, um festzustellen, an wen die *Zakât* zu zahlen ist. Wenn die *Zakât* ohne

„Der Verdienst einer Spende ist größer, wenn du sie gibst, während du bei guter Gesundheit bist, dein Geld beisammen hältst, dich vor der Armut fürchtest und vom Wohlstand träumst."
Sahîh Bukhârî, Zakât, 11

Wohltätigkeit beschränkt sich nicht allein aufs Materielle. Von all dem, was Allah uns gegeben hat, sollten Spenden gegeben werden! Den Islam in lebendiger Praxis zu vermitteln, ist sicher die schönste Form von Wohltätigkeit.

gründliche Nachforschungen jemandem gegeben wird, von dem sich später herausstellt, daß er zu keiner der acht im betreffenden Qur'ânvers genannten Gruppen gehört, die im folgenden Kapitel vorgestellt werden, ist die *Zakât* ungültig und muß noch einmal entrichtet werden. Falls die *Zakât* jedoch trotz eingehender Untersuchung fälschlicherweise an jemanden entrichtet wurde, der zu ihrem Empfang nicht berechtigt war, muß die *Zakât* nicht erneut gezahlt werden. Ein weiterer, bei der Entrichtung der *Zakât* zu berücksichtigender, wichtiger Punkt ist folgender:

Der Erste, der gegenüber einem Menschen Anspruch hat, ist er selbst. Darauf folgen die Ansprüche der direkten Familienangehörigen, dann die der nahen und entfernten Verwandten. Diese auch im Erbrecht geltende Reihenfolge verwandtschaftlicher Nähe und damit verbundener Ansprüche gilt auch bei der Abwägung, an wen die *Zakât* entrichtet werden soll. Der Vorrang der verschiedenen Anspruchsberechtigen ist dabei genau abzuwägen. Dieser hängt von zwei Dingen ab: zum einen vom Grad der Bedürftigkeit des *Zakât*-Empfängers, zum anderen vom Grad verwandtschaftlicher Nähe des Bedürftigen zum *Zakât*-Pflichtigen. Dabei ist das Bevorzugen der Verwandten keinesfalls als Verdrängung anderer Bedürftiger oder Notleidender zu verstehen. Der Vorrang eines Verwandten kommt nur dann zum Tragen, wenn die Wahl zwischen zwei gleichermaßen Bedürftigen besteht, von denen einer ein Verwandter ist und der andere nicht. Der Grad der Bedürftigkeit ist grundsätzlich immer der ausschlaggebende Entscheidungsfaktor. Das heißt: wenn ein Fremder bedürftiger ist, ist es nicht zulässig, die *Zakât* an weniger bedürftige Verwandte oder Bekannte zu entrichten.

Diese fein ausgewogenen Maßstäbe sind – über die allgemeine Verinnerlichung der Barmherzigkeit im Islam hinausgehende – praktische Übungen tätiger Nächstenliebe. Da die erste Frucht des Glaubens die Nächstenliebe ist, gleicht ein Herz, dem Nächstenliebe fremd ist, einem leblosen, erstarrten, toten Herzen. Die *Basmala* und die Sure *al-Fâtiha* – die Ausgangspunkte eines jeden Segens – beginnen mit den Gottesnamen *ar-Rahmân* und *ar-Rahîm*, die der endlosen Barmherzigkeit und dem grenzenlosen Erbarmen Allahs Ausdruck verleihen. So sind die Lebensgeschichten der Propheten und Heiligen voller Beschreibungen ihrer Barmherzigkeit. Unser ehrwürdiger Prophet – Allah segne ihn und schenke ihm Frieden – wies darauf hin, daß unsere Barmherzigkeit sich auf alle Geschöpfe erstrecken sollte, indem er sagte:

> „Seid barmherzig gegenüber denen, die auf Erden sind, dann ist euch Der barmherzig, der im Himmel ist!“[114]

Zu den reifsten Erscheinungsformen der Barmherzigkeit gehören sicherlich die Formen materiellen Gottesdienstes und der Wohltätigkeit durch *Infâq*, *Zakât* und *'Uschr*.

„Spendet! Denn es wird eine Zeit über die Menschen kommen, in der jemand mit seiner Spende von Ort zu Ort gehen wird ohne jemanden zu finden, der bereit wäre, sie anzunehmen.“

Sahîh Bukhârî, Fitan, 24

114. Abû Dâwûd, *Adab*, 58

Man sollte beim Dienst für die Stiftungen sehr auf den Inhalt und den Stil der gesprochenen Worte, auf seine Handlungsweise und speziell auf seinen Gesichtsausdruck achten. Dabei sollte man sich besonders davor hüten, in irgendeiner Weise verletzend oder herablassend zu sein.

Zakât-pflichtige Güter und ihre Abgabemengen

Bei Schafen und Ziegen beträgt der *Nisâb* (hier: die Mindestzahl von Tieren, ab der die *Zakât* zu entrichten ist) vierzig, bei Rindern und Büffeln dreißig und bei Kamelen fünf. Bei Gold beträgt der *Nisâb* (Mindestmenge) 81 Gramm[115], bei Silber 561 Gramm. Während der *Nisâb* für Gold und Silber feststeht (ein Vierzigstel), variieren der *Nisâb* und die zu entrichtende *Zakât* auf Nutztiere entsprechend deren Art und Anzahl. Genauere Informationen hierzu finden sich in der entsprechenden Fachliteratur. Auch auf Erträge aus dem Meer (z.B Fischfang) und aus der Gewinnung von Rohstoffen (z.B. Bergwerke) ist *Zakât* zu entrichten. Detaillierte Auflistungen der jeweiligen Arten und Abgabemengen sind in den Büchern der islamischen Rechtswissenschaften nachzuschlagen.

Jede Form beweglichen und unbeweglichen Vermögens, die Einkünfte mit sich bringt, unterliegt der *Zakât*. Bei Immobilien, die Mietgewinne einbringen, werden die Jahreseinnahmen berechnet. Von diesem Betrag, abzüglich der Ausgaben, ist die *Zakât* zu entrichten. Bei Grundstücken, die gekauft wurden, um sie später zu verkaufen, wird die *Zakât* nach dem Kaufbetrag (unter Berücksichtigung der Inflationsrate) berechnet, und bei zum Verkauf errichteten Wohnanlagen, ist sie (ebenfalls unter Berücksichtigung der

115. In Bezug auf den *Nisâb* für Gold gibt es unterschiedliche Berechnungen, die zwischen 96, 90, 85 und 81 Gramm liegen. Zugunsten der Bedürftigen wird hier von dem geringsten Betrag von 81 Gramm ausgegangen.

Inflationsrate) nach den Gestehungskosten zu berechnen.

Bei Unternehmen, deren Anteilseigner nicht einzeln, sondern gemeinsam als Unternehmen die *Zakât* entrichten wollen, ist die Berechnung folgendermaßen vorzunehmen:

Zuerst wird am Anfang oder am Ende des Jahres eine Einnahmen-Ausgaben-Berechnung erstellt. Zu dem errechneten Betrag werden etwaige Außenstände aus dem Berechnungszeitraum, mit deren Begleichung die Anteilseigner rechnen, addiert. Von dieser Summe sind der Wert des festen Inventars und – wenn vorhanden - auch die Schulden abzuziehen. Von dem verbleibenden Betrag sind, sofern die jährlichen Berechnungen nach dem Mondjahr durchgeführt werden, 2,5% *Zakât* zu zahlen. Bei Berechnung auf der Grundlage des Sonnenjahres sind es 2,6%.

Ein weiterer, unbedingt zu berücksichtigender Punkt ist dabei, daß die *Zakât* ist nicht nur vom Gewinn, sondern vom Gesamtvermögen mit Ausnahme des festen Inventars, zu berechnen ist.

Für Industriebetriebe, wie z.B. Fabriken, Werkstätten oder Warenhersteller, die ihre *Zakât* als Institution berechnen wollen, gelten folgende Richtlinien:

1. Von der *Zakât*-Pflicht ausgenommen sind Maschinen, Gerätschaften oder Werkzeuge, die zum festen Inventar gehören, es sei denn, diese seien aus Gold oder Silber; in diesem Fall wäre ihr Wert zu berechnen und die entsprechende *Zakât* zu entrichten.

Die Bedürftigen, Notleidenden und Armen an der Pforte einer Stiftung gleichen den Kranken, die vor der Tür eines Arztes warten. Wir müssen versuchen, ihren Bedürfnissen gerecht zu werden und darüber hinaus ihre bekümmerten Herzen zu erfreuen.

„Wissen und Weisheit werden aus lauterer Nahrung geboren; auch Liebe und Barmherzigkeit entstehen aus lauterer Nahrung. Wenn wegen eines Bissens Mißgunst, Unwissen und Gedankenlosigkeit entsteht, dann wisse, daß dieser Bissen mit Sünde behaftet ist."
Maulânâ Jalâluddîn Rûmî

2. Das Betriebsvermögen unterliegt der *Zakât*-Pflicht. Vom Betriebsvermögen werden alle Betriebsausgaben, die Löhne der Beschäftigten, sowie die Schulden abgezogen. Von dem verbleibenden Betrag ist die *Zakât* zu entrichten.

3. Bei monatlicher Zahlung von Löhnen in Industriebetrieben werden etwaige Schwankungen innerhalb des Jahres nicht berücksichtigt. Hier ist allein die Jahresendabrechnung maßgeblich.

Bei der Berechnung von *Zakât*, die auf (Papier-) Geld zu zahlen ist, stellt die Inflation einen wichtigen Faktor dar. Bei Entrichtung der *Zakât* ist ein Wertverlust von bis zu 100% innerhalb eines *Zakât*-Zeitraumes sicherlich erheblich. Es ist daher unerläßlich, den *Zakât*betrag an einen feststehenden Wert zu koppeln, um den Wert der *Zakât* bis zum Zeitpunkt der entstehenden Abgabepflicht aufrecht zu erhalten. Andernfalls würde der Wert des gezahlten *Zakât*-Betrages unter ein Vierzigstel fallen. Dadurch entstünde zum einen dem Bedürftigen ein Nachteil, zum anderen wäre der Gottesdienst in Form der *Zakât* unvollständig.

Der Islam bestimmt ursprünglich die Entrichtung der *Zakât* von der *Zakât*-pflichtigen Ware. Das heißt, wer Gold besitzt gibt Gold, wer Silber besitzt gibt Silber, wer Schafe besitzt gibt Schafe, wer Getreide besitzt gibt Getreide, wer Stoffe besitzt gibt Stoff. Jedoch kam es auch zu Lebzeiten des Gesandten Allahs – Segen und Friede seien auf ihm – und während der anschließenden Regierungszeiten Abû Bakrs und ´Umars – möge Allah mit ihnen zufrieden sein –

vor, daß der Einzug der *Zakât* sowohl aus der *Zakât*-pflichtigen Ware selbst als auch in Form eines anderen gültigen Zahlungsmittels erfolgte. Aus dieser Sicht betrachtet ist es kein Schaden, wenn man den Bedürftigen heutzutage anstelle von Gütern einen Geldbetrag in Höhe des entsprechenden Wertes gibt.

Die für die Verteilung der Zakât Verantwortlichen müssen im höchsten Grade sensibel zu sein, weil sie Bevollmächtigte für die Erfüllung einer religiösen Pflicht sind.

An wen die *Zakât* zu entrichten ist

Allah, der Erhabene sagt:

{*Wahrlich, die Abgaben sind für die Armen und die Bedürftigen und für die mit ihrer Verwaltung Beauftragten und für die, deren Herzen gewonnen werden sollen, für die (Befreiung von) Sklaven und für die Verschuldeten, für die, die sich für die Sache Allahs einsetzen, und für Reisende; dies ist ein Gebot von Allah. Und Allah ist Allwissend, Allweise.*}[116]

Dieser segensreiche Vers macht deutlich, an wen die *Zakât* zu entrichten ist:

1. Die Armen (*fuqarâ'*): Jene, die gemäß der religiösen Vorgaben nicht als besitzend gelten, d.h. keine Güter in der Größenordnung des *Nisâb* besitzen. Solche Personen dürfen *Zakât* annehmen, auch wenn sie Arbeit haben und über Arbeitskraft verfügen.

2. Die Bedürftigen (*masâkîn*): Jene, die kein tägliches Essen haben, die in extremer Weise arm sind.

3. Die mit ihrer Verwaltung Beauftragten (*´âmilîna ´alayhâ*): Die mit der Erhebung der *Zakât* Betrauten.

4. Diejenigen, deren Herzen gewonnen werden sollen (*mu'allafat qulûbuhum*): Jene, deren Herzen für den Islam erwärmt werden sollen.

5. Die Sklaven (*fî r-riqâb*): Jene, die mit ihren Besitzern eine Vereinbarung über ihren Freikauf aus der Sklaverei getroffen haben.

„Warte nicht bis der Zeitpunkt des Todes naht, um dann zu sagen: „Gebt soviel So-und-so und jenes Dem-und-dem", denn dann gehört es ohnehin bereits den Erben."
Sahîh Bukhârî, Zakât, 11

116. Qur'ân, 9:60

6. Die Verschuldeten (*ghârimîn*): Solchen Personen, deren Schulden ihren Besitz übersteigen, darf ebenfalls *Zakât* gegeben werden.

7. Die sich für die Sache Allahs einsetzen (*fî sabîli Llah*): Jene, die auf dem Wege Allahs kämpfen, jene, die zur Pilgerfahrt aufgebrochen und auf dem Weg dorthin mittellos geworden sind, jene, die zum Nutzen der Menschen und der Gemeinschaft des Islam zum Wohlgefallen Allahs Wissen erwerben und jene, die (Nichtmuslimen) den Islam vermitteln.

8. Reisende (*ibni sabîl*): Auch wenn sie in ihrem Heimatland begütert sein sollten, darf Reisenden, denen auf der Reise das Geld ausgegangen ist, *Zakât* gezahlt werden.

Der Auftraggeber einer rechtschaffenen Tat beauftragt einen Bevollmächtigten in der Hoffnung, daß sein gutes Werk so dem geeignetsten Empfänger zugute kommt, obwohl er seine Abgabe auch selbst tätigen könnte.

An wen die *Zakât* nicht entrichtet werden darf

An die eigene Mutter, den eigenen Vater, die Großmütter, die Großväter, den eigenen Sohn, die eigene Tochter und die Enkelkinder; sowie an Reiche und jene, die keine Muslime sind, darf keine *Zakât* entrichtet werden. Auch dürfen sich Ehemann und Ehefrau gegenseitig keine *Zakât* geben.

Die *Zakât* darf nur an natürliche Personen für deren Grundbedarf gegeben werden. Juristische Personen dürfen keine *Zakât* erhalten. Aus diesem Grunde werden Moscheen, Schulen, Qur'ânschulen und Krankenhäuser nicht mit *Zakât*-Geldern sondern aus wohltätigen Spenden finanziert. Essen, das an Bedürftige verteilt

wird (wie z.B. zum Fastenbrechen im *Ramadân*), fällt nicht unter die *Zakât*, sondern gilt als wohltätige Spende, weil dabei keine Besitzübergabe (*tamlîk*) im Sinne des *Scharî´a* stattfindet.

´Uschr – die *Zakât* auf landwirtschaftliche Produkte

Laut Abû Hanîfa – möge Allah ihm barmherzig sein – gibt es in Bezug auf die *Zakât* landwirtschaftlicher Erzeugnisse keinen *Nisâb*. Das bedeutet, daß keine bestimmte Mindestmenge gilt und auch nicht ein Jahr abgewartet wird, bevor die Pflichtabgabe auf landwirtschaftliche Produkte fällig wird. Laut Imâm Abû Yûsuf und Imâm Muhammad[117] beträgt der *Nisâb* für Erträge aus dem Ackerbau 5 *Wasq*, was 653 kg entspricht. Erst wenn diese Menge überschritten ist, werden nach ihrer Ansicht die Erträge *´Uschr*-pflichtig.

An Orten, an den jährlich mehrere Ernten eingebracht werden, ist auch die *´Uschr* dementsprechend mehrfach zu entrichten.

Auch aus landwirtschaftlichen Erzeugnissen, die zum Nachlass eines Verstorbenen oder zum Besitz eines unmündigen Kindes oder Geisteskranken gehören, ist die *´Uschr* zu entrichten.

„Beeilt euch mit dem Geben von Spenden, denn das Unheil kann sich der Spende nicht vordrängen."
al-Haythami, Majmu´a z-Zawâ'id, III, 110

117. Imâm Abû Yûsuf und Imâm Muhammad asch-Schaybânî waren die beiden bedeutendsten Gefährten (*sahibân*) Imâm Abû Hanîfas und trugen maßgeblich zur Verbreitung und Entwicklung der hanafitischen Rechtsschule bei, wobei sie in Einzelfällen – wie dem hier vorliegenden – von der Ansicht Abû Hanîfas abwichen.

´Uschr-pflichtig sind nur solche Erträge aus dem Ackerbau, die eine Haltbarkeit von mindestens einem Jahr besitzen. Daher besteht keine *´Uschr*-Pflicht für stark wasserhaltige Obst- und Gemüsearten, wie Birnen, Äpfel, Pfirsiche, Aprikosen, Tomaten, Paprika, Lauch oder Sellerie, da all diese Produkte nicht lange haltbar sind.

Die *´Uschr* für Erträge eines Bodens, der auf natürliche Weise, mit Regenwasser, durch einen Bach oder Fluss bewässert wird, beträgt 10%, wenn der Boden jedoch mehr als ein halbes Jahr mit einer elektrischen Wasserpumpe oder mit gekauftem Wasser künstlich bewässert wurde, beträgt die *´Uschr* auf dessen Erträge 5%. Dabei werden weder die Kosten für Saatgut, noch die für Arbeitslohn, Bewässerung, Düngemittel, Pflanzenschutz oder dergleichen abgezogen.

Wenn von Ölfrüchten wie Oliven, Sesam oder Sonnenblumenkernen schon *´Uschr* eingezogen wurde, muß deren Produzent von dem daraus gewonnen Öl nicht noch einmal *´Uschr* entrichten. Wenn jemand dieses Öl jedoch als Handelsware erwirbt, muß er darauf die fällige *Zakât* für Handelsware entrichten.

Die festgelegten Prozentsätze, die von den Erträgen *´Uschr*-pflichtiger Landstücke zu entrichten sind, werden erst berechnet und gezahlt, wenn die Erträge reif sind und die Ernte eingebracht ist , keinesfalls vorher. Es ist nicht zulässig, die *´Uschr* auf unreife Produkten oder Früchte zu entrichten. Erst wenn die Früchte ausgewachsen und reif sind, können die Besitzer die *´Uschr* zahlen.

„Ein wirklich Bedürftiger ist jener, der nichts findet, was seinen Bedarf erfüllt und dessen Situation keiner bemerkt, um ihm zu helfen, während er dennoch unfähig ist, die Menschen um etwas zu bitten.“

Sahîh Bukhârî, Zakât, 53

„Sieh' zu, daß du die Herzen gewinnst; hilf den Machtlosen! Kümmere dich um die Schwachen, um die, die gebrochenen Herzens sind! Sie verlangen von den Menschen nichts, dennoch leben sie in voller Zufriedenheit in Demut, mit gebrochenen Herzen."
Maulânâ Jalâluddîn Rûmî

Wenn jemand von Getreide oder von Früchten der Bäume ißt, von denen noch keine *'Uschr* entrichtet wurde, darf er dies nur mit der Absicht tun, die *'Uschr* später zu entrichten, um den Unterschied auszugleichen. Beispielsweise muß er nach Abû Hanîfa – möge Allah ihm barmherzig sein – wenn er vor Entrichten der *'Uschr* 10 kg Trauben geerntet hat, 1 kg Trauben als Entschädigung zahlen.

Land, welches von den Muslimen erobert wurde und nicht in den Privatbesitz von Personen übergegangen ist, sondern der Gesamtheit der muslimischen Bevölkerung zur Verfügung steht, wird als Pachtland (*mîrî arâzi*) bezeichnet. Dieses Land galt als staatlicher Grundbesitz und die Nutzungsrechte wurden mit amtlichen Urkunden an die Bewohner der jeweiligen Dörfer vergeben. Diese hatten den Status von Pächtern, die die festgelegten Anteile am Ertrag oder bestimmte Steuern als Pacht an den Staat zu entrichten hatten. Von den Erträgen dieser Art von Land ist keine *'Uschr* oder *Zakât* zu zahlen. Dieser Status galt lange Zeit für fast den gesamten Grundbesitz im Osmanischen Reich.

Ein Großteil dieser Pachtgrundstücke (*mîrî arâzi*), der überwiegende Anteil des Grundbesitzes in Anatolien und Rumelien, wurde später verkauft und mit amtlichen Besitzurkunden versehen. Ebenso gingen große Gebiete durch Urbarmachung von Ödland oder vernachlässigten Böden in Privatbesitz über. Auf diese Weise entstand die Gattung des Eigentumsgrundstücks (*mülkî arâzi*). Diese Art von Nutzflächen zählt zu den „reinen Eigentumsflächen“ für die vom erwirtschafteten Ertrag die *´Uschr* zu entrichten ist. Grund und Boden in der heutigen Türkei fallen mittlerweile fast ausschließlich unter diese Kategorie des Grundeigentums (*mülkî arâzi*), denn sie können frei verkauft werden und den Besitzer wechseln. Wenn heutzutage die *´Uschr* nicht mehr vom Staat eingetrieben wird, ist es, genau wie bei der *Zakât* auf Nutztiere, notwendig, daß die Besitzer diese selbst an geeignete Empfänger entrichten.

Der größte Segen liegt darin, das Anvertraute seiner wahren Bestimmung zuzuführen. Wohltätigkeit beschränkt sich dabei nicht allein auf das Materielle; von allem, was Allah uns gegeben hat, sollten wir Spenden geben.

BESITZ IST NUR EIN ANVERTRAUTES GUT

Ein Interview mit Osman Nûrî Topbaş über Stiftungswesen, *Zakât* und wohltätige Abgaben[118]

WAS BEDEUTET BESITZ AUS DER SICHT DES ISLAM?

Im Islam gehört Besitz in Wahrheit weder dem Einzelnen noch dem Volk. Aller Besitz gehört allein Allah, dem Erhabenen. Dem Gottesdiener wurde für einen bestimmten Zeitraum und im Rahmen festgelegter Bedingungen das Recht gegeben, von diesem Besitz Gebrauch zu machen. Daher kann der Diener den ihm zur Verfügung stehenden Besitz nicht nach Belieben benutzen. Besitz muß in der von seinem wahren Besitzer aufgezeigten Art und Weise verwendet werden. Dies bedeutet, daß der Besitzer von Reichtum verpflichtet ist, Bedürftige und Notleidende – im Rahmen eines von der Religion bestimmten Maßes – an den von ihm genutzten weltlichen Gütern teilhaben zu lassen. Das Ziel besteht darin, ein Gläubiger zu werden, vor dessen Hand und Zunge andere Menschen sicher sind und der ihnen zugleich mit seinem Besitz und seinem Tun von Nutzen ist.

Dieser Zustand ist das Ergebnis der Erkenntnis, daß Vermögen etwas ist, das uns Allah der All-Erhabene anvertraut hat. Wenn Vermögen im Gegensatz zu seiner eigentlichen Bestimmung

Heutzutage müssen wir ein größeres Gewicht auf freiwillige wohltätige Spenden legen und versuchen, die Menschen dafür zu motivieren. Die Gründung religiöser Einrichtungen und die Ausbildung engagierter Menschen zum Dienst für den Islam gehören dabei zu den wichtigsten Aufgaben.

118. Dieses Kapitel stammt aus einem Interview der Zeitschrift *Altinoluk* mit dem Autor.

Barmherzigkeit und Mitgefühl bescheren uns im Diesseits Seelenfrieden und im Jenseits die verheißene ewige Glückseligkeit.

verwendet wird, ist dies eine Veruntreuung anvertrauten Gutes, die sich in verschiedenen Formen von Missbrauch äußert. Eine solche Veruntreuung wird sicherlich beim Volk zu Unmut führen und Anlass zu berechtigten Klagen geben.

WELCHE ROLLE SPIELT DER BESITZ MATERIELLEN REICHTUMS AUS DER SICHT DES ISLAM?

Der Islam ermuntert die Menschen dazu, auf legitime Weise Vermögen zu erwerben. Von den fünf Grundpfeilern des Islam sind zwei nur für jene Pflicht, die gemäß den Bestimmungen der Religion als wohlhabend gelten: Die Pilgerfahrt (*Hajj*) und die reinigende Pflichtabgabe (*Zakât*).

Dies bedeutet: „Bemühe dich, auf rechtmäßigem Wege zu dem erforderlichen Wohlstand zu gelangen, dann entrichte die *Zakât* und vollführe die Pilgerfahrt!" Ebenso ermuntert uns unser ehrwürdiger Prophet – Allahs Segen und Frieden seien auf ihm – mit seinem edlen Wort: „Die obere Hand ist besser als die untere!"[119] zu jenen zu gehören, die geben. Damit legt er uns ans Herz, im Rahmen unser Möglichkeiten „nicht der Nehmende zu sein, sondern der Gebende."

WAS IST AUS DER SICHT DES ISLAM BEIM STREBEN NACH BESITZ ZU BEACHTEN?

Der Islam ermutigt die Menschen zum Handel und geschäftlicher Tätigkeit. Bei der im Islam

119. *Sahîh Bukhârî*, *Zakât*, 18

angestrebten Wirtschaftsform handelt es sich weder um einen schrankenlosen Liberalismus noch um ein alles reglementierendes sozialistisches System. Zum Nutzen des Einzelnen und der Gesellschaft gelten für die Geschäftstätigkeit und den Handel bestimmte Regeln, von denen ich hier einige erwähnen möchte:

Handel mit etwas, das Allah der Allmächtige für verboten (*harâm*) erklärt hat, ist grundsätzlich unzulässig. Das bedeutet, daß aus der Sicht des Islam die erste Bedingung für die Rechtmässigkeit eines jeden Geschäftes darin besteht, daß die angebotene Ware oder Dienstleistung entsprechend dem göttlichen Gesetz erlaubt (*halâl*) sein muß.

Weitere Bedingungen beziehen sich auf die Modalitäten beim Handel:

Es ist unzulässig, Waren zu horten, um durch Verknappung des Angebots den Preis in die Höhe zu treiben. Derartiges Verhalten, das sich heutzutage wohl am besten mit dem Begriff „Schwarzmarktmethoden" beschreiben ließe, wird im göttlichen Gesetz (*scharî'a*) als Preistreiberei (*ikhtikâr*) bezeichnet und ist strengstens untersagt.

Ebenso verboten ist jegliche Form von Irreführung, wie die Vorteilnahme durch Ausnutzen der Unwissenheit des Käufers oder Verkäufers, indem zum Beispiel eine gestohlene Ware weit unter dem handelsüblichen Preis verkauft oder einem im Handel unerfahrenen Kind ein kostbarer Gegenstand zu einem Bruchteil seines tatsächlichen Wertes abgekauft wird.

Wenn ein stärkerer seinem schwächeren Partner den ihm zustehenden Anteil vorenthält, ist er ein Unterdrücker und Dieb. Göttliche Barmherzigkeit und himmlischer Segen verlassen ihn und seinen Besitz, und Unreinheit und Verschmutzung haften seinem Vermögen an.

Es gehört zu den Pflichten des Verkäufers einer Ware, den Käufer auf etwaige Mängel hinzuweisen. Es ist jedoch aus Sicht der Religion unzulässig, eine Ware „schlecht zu reden“, um sie anschließend günstiger zu erwerben.

Da es sicher unseren Rahmen sprengen würde, alle wirtschaftsrechtlichen Bestimmungen der *Scharî´a* aufzuzählen, wollen wir nur noch als letzten wichtigen Punkt auf Folgendes hinweisen:

Unter bestimmten Umständen erlaubt die *Scharî´a* eine Begrenzung der Gewinnspanne. Dies ist besonders in Kriegszeiten oder bei Epidemien von Bedeutung. Die Religion erlaubt der politischen Führung im Rahmen allgemeiner Grundsätze, Vorsorgemaßnahmen zu treffen oder per Gesetz Preisbegrenzungen oder Subventionen festzulegen. Derartige Regelungen des Wirtschaftslebens können unterschiedlichste Formen annehmen. Um des Allgemeinwohls willen ist es notwendig, diese Bestimmungen einzuhalten, und zum Beispiel die von der Regierung vorgeschriebene Gewinnspanne nicht zu überschreiten. Es gibt natürlich auch dabei Ausnahmen, bei denen solche Begrenzungen, etwa wegen eines besonders hohen Geschäftsrisikos, nicht zur Geltung kommen.

In den Aussagen des Propheten – Allah segne ihn und schenke ihm Frieden – finden wir eine große Zahl von Belegen dafür, daß im Islam der Handel zu den empfohlenen Arten des Broterwerbs zählt. So sagte er:

Da in unserer Zeit die materiellen Probleme erschreckende Ausmaße angenommen haben, sollten sich die Wohlhabenden keinesfalls mit dem Entrichten der Zakât begnügen, sondern darüber hinaus in wohltätiger Weise aktiv werden.

„Der vertrauenswürdige, wahrhaftige und gottergebene Geschäftsmann wird am Jüngsten Tage gemeinsam mit den Märtyrern auferweckt werden.“[120]

„Ein risikobereiter Händler, der seine Ware zum Verkauf anbietet, ist gesegnet. Ein Wucherer, der seine Ware hortet, ist hingegen verflucht.“[121]

„Dem furchtsamen Geschäftsmann bleibt der Erfolg versagt, der risikobereite aber ist gesegnet.“[122]

„Die rechtmäßigste und beste Nahrung ist diejenige, die man selbst verdient hat.“[123]

DARF EIN MUSLIM, DER UNTER EINHALTUNG ISLAMISCHER PRINZIPIEN ZU WOHLSTAND GEKOMMEN IST, DIESEN NACH BELIEBEN AUSGEBEN?

Es gibt eine große Zahl unterschiedlicher Gegenstände, die im Islam rechtlich als Waren gelten können. Dazu gehören beispielsweise Tiere, Grundbesitz, Schmuck und Wirtschaftsgüter. Für jede der entsprechenden Kategorien existieren im Islam Regeln oder Empfehlungen. Dazu gehören unter anderem die folgenden:

Es ist verboten, Lasttieren wenig Futter zu geben und sie zugleich schwere Lasten tragen zu lassen. Es ist untersagt, den eigenen Besitz einzu-

120. Ibn Mâjah, *Tijâra*, 1
121. Ibn Mâjah, *Tijâra*, 6
122. Daylamî, *Musnad*, II, 79
123. Ibn Mâjah, *Tijâra*, 1

Unsere Vorfahren bewiesen bei ihrem Unterfangen, der Barmherzigkeit und der Liebe in der Stiftungstätigkeit und der Wohlfahrt einen idealen Rahmen zu verschaffen, größte Zurückhaltung, Feingefühl und Aufmerksamkeit, um Stolz und Ehrgefühl der Bedürftigen, Armen, Witwen und Waisen nicht zu verletzen.

Die Zakât ist eine im göttlichen Gesetz festgelegte Abgabe, durch deren Entrichtung jene, deren Besitz ein bestimmtes Maß überschreitet, für ihren verbleibenden Besitz den Status rechtmäßigen Eigentums erwerben.

setzen, um andere zu schädigen. So dürft ihr zum Beispiel nicht euren Gartenzaun besonders hoch machen, um dem Nachbarn das Licht oder die Aussicht zu nehmen. Ihr dürft auch keine Waren, die andere Menschen benötigen, vernichten oder unbrauchbar machen, ganz besonders, wenn es sich um Lebensmittel handelt. So dürft ihr nicht aus Protest Gemüse auf die Straße kippen oder Olivenöl vernichten, weil die Preise gesunken sind, denn es ist eure Pflicht, diese Güter zum Nutzen der Allgemeinheit in den Verkehr zu bringen. Ebenso wenig ist es zulässig, zum Erreichen überhöhter Gewinne die Produktion von Gütern zu unterbrechen. Aus Gründen des Allgemeinwohls ist es auch verboten, Wirtschaftskartelle zu gründen, die dann aufgrund ihrer Monopolstellung nach Belieben Preisabsprachen oder Preiserhöhungen vornehmen können.

WELCHE VERPFLICHTUNGEN HAT EIN WOHLHABENDER MUSLIM?

Die wichtigste Verpflichtung des Wohlhabenden in Bezug auf seinen Besitz ist die *Zakât*. Das arabische Wort *Zakât* entstammt der gleichen Wurzel wie *Tazkiya*, und *Tazkiya* bedeutet Reinigung oder Läuterung. Das bedeutet, daß die Entrichtung der *Zakât* eine Handlung ist, die den Besitz reinigt. Weil es durch göttliches Gebot zur Pflicht gemacht wurde, haben die Bedürftigen einen Rechtsanspruch auf den Betrag der *Zakât* aus dem *Zakât*-pflichtigen Besitz. Ihnen diesen zu unterschlagen ist Diebstahl, genau wie jede andere Form des Diebstahls, bei der ein anderer seines Besitzes beraubt wird. Der All-Gnädige hat für jede Art von Gütern oder Waren eine Mindestmenge (*nisâb*) bestimmt, von der an der Besitz dieser Ware *Zakât*-pflichtig wird.

Reichtum ist aus der Perspektive des Islam nicht das, was im allgemeinen Sprachgebrauch darunter verstanden wird. Reichtum ist im Islam nicht das gewaltige Vermögen eines Superreichen, sondern im Sinne der *Scharî´a* gilt derjenige als reich, der 81 g Gold oder dessen Gegenwert besitzt. Wenn über diesen Besitz ein Jahr verstrichen ist, ist er *Zakât*-pflichtig. Gemäß den Bestimmungen unserer Religion haben dann die Bedürftigen einen Rechtsanspruch auf ein Vierzigstel dieses Besitzes. Dabei sollte man den Eignern dieses Anspruches in bester Weise begegnen. Dieses *Zakât* genannte Anrecht beteiligt den Armen zu einem Vierzigstel am Vermögen des Wohlhabenden und stellt die Mindestmenge dessen dar, was dem Bedürftigen zu geben ist. Bei Erträgen der Landwirtschaft beträgt die *Zakât*, die man als *´Uschr* bezeichnet, jedoch ein Zehntel und bei Nutztieren richtet sich der Anteil nach der Art der Tiere. Wenn dann das Vermögen durch, über die *Zakât* hinausgehende, zusätzliche Spenden, wohltätige Gaben und Schenkungen seinem Besitzer zur Zierde gereicht, wird es vortrefflich und gesegnet. Welch gewaltige Bedeutung der *Zakât* zukommt, zeigt sich in der Tatsache, daß der ehrwürdige Kalif Abû Bakr – möge Allah mit ihm zufrieden sein – denjenigen, die sich weigerten, die *Zakât* zu entrichten, den Krieg erklärte.

Wenn ein stärkerer seinem schwächeren Partner den ihm zustehenden Anteil vorenthält, ist er ein

Die als Zakât eingesammelten Güter und Gelder werden auf verschiedene Bereiche aufgeteilt und, dem Bedarf entsprechend, an die Benachteiligten der Gesellschaft verteilt. Auf diese Weise werden Gerechtigkeit und gesellschaftliche Eintracht hergestellt und das Vermögen der Reichen geläutert.

Die Worte des Propheten – Allah segne ihn und schenke ihm Frieden – lehren uns, daß die Armen innerhalb der islamischen Gesellschaft nicht als Belastung, sondern, im Gegenteil, als ein Quell der Gnade und des Segens angesehen werden.

Unterdrücker und Dieb. Göttliche Barmherzigkeit und himmlischer Segen verlassen ihn und seinen Besitz, und Unreinheit und Verschmutzung haften seinem Vermögen an.

Im Heiligen Qur'ân werden diejenigen, an die *Zakât* zu entrichten ist, einzeln aufgezählt: Dazu zählen die Armen und Bedürftigen, die Verschuldeten, Studenten und andere Menschen, die sich für die Sache Allahs einsetzen, sowie jene, die auf Reisen sind und nicht weiterkönnen. All diesen muß, entsprechend ihrem jeweiligen Bedarf, aus den Mitteln der *Zakât* geholfen werden.

Da in unserer Zeit die materiellen Probleme solch erschreckende Ausmaße angenommen haben, sollten sich die Wohlhabenden keinesfalls mit dem Entrichten der *Zakât*, die ja nur eine reguläre Mindestverpflichtung für normale Zeiten darstellt, begnügen, sondern darüber hinaus in wohltätiger Weise aktiv werden.

Ein weiteres Thema ist die *'Uschr*. Wir wollen hier kurz darauf eingehen, weil es eine wichtige Angelegenheit ist, die heute in der islamischen Welt stark vernachlässigt wird. Im Osmanischen Reich handelte es sich bei den landwirtschaftlich genutzten Flächen überwiegend um staatliche Lehen oder Pachtgrundstücke. Heutzutage jedoch überwiegt bei weitem der private Grundbesitz. Die Grundstücke werden ge- und verkauft, und ihre Eigentümer können nach Belieben darüber verfügen: Wenn sie wollen, bestellen sie den Boden, wenn nicht, lassen sie ihn brach liegen oder verkaufen ihn. Daher ist es Pflicht, von den landwirtschaftlichen Erträgen dieser Grundstücke *Zakât* zu entrichten. Die

Zakât beträgt bei künstlicher Bewässerung 5% und bei natürlicher Bewässerung durch Regen oder ähnliches 10%. Diese Form der *Zakât* wird in der Terminologie der *Scharî'a* als *'Uschr* bezeichnet. Wer die *'Uschr* nicht entrichtet, ist genau wie einer, der seine *Zakât* nicht zahlt. Er ist ein Dieb, der die Armen, die Bedürftigen und jene, die sich für die Sache Allahs einsetzen, beraubt. Diese Angelegenheit sollte sehr ernst genommen werden. Fragen zur *Zakât* sollten entweder den Fachleuten gestellt oder in den entsprechenden Werken der Rechtswissenschaften (*Ilmihal*)[124] nachgeschlagen werden.

SIE HABEN ERKLÄRT, DASS DIE WOHLHABENDEN ÜBER DIE ZAKÂT HINAUS VON IHREM BESITZ – DEM IHNEN VON ALLAH ANVERTRAUTEN GUT – WEITERE ABGABEN ENTRICHTEN SOLLTEN. KÖNNEN SIE DIESEN PUNKT ETWAS WEITER AUSFÜHREN?

Der Weg des Gläubigen zur Verwirklichung von Eigenschaften wie Barmherzigkeit, Mitgefühl, Feinfühligkeit und Einfühlsamkeit führt über den wohltätigen Einsatz seines Eigentums und seines Lebens.

Natürlich, gerne. Bei diesen zusätzlichen Abgaben handelt es sich nicht um eine rechtliche Verpflichtung, wie im Falle der *Zakât*, sondern um empfohlene freiwillige Handlungen. Darunter fallen wohltätige Spenden (*infâq*), Schenkungen (*ithâr*) und Stiftungen, d.h. Besitz, der zum Wohlgefallen Allahs auf Ewigkeit einem frommen Zweck gewidmet wurde. Die *Zakât* stellt den Pflichtanteil dar, der an die Bedürftigen zu entrichten ist. Das Vermögen sollte aber darüber hinaus durch Spenden, wohltätige Abgaben und Schenkungen veredelt werden.

124. *Ilmihal*, kurze Zusammenfassungen von Bestimmungen der islamischen Rechtswissenschaften für den täglichen Gebrauch.

Allah, der in Majestät Erhabene sagt in *Sûrat at-Tauba*:

{*Und verheiße jenen, die Gold und Silber anhäufen und es nicht auf dem Wege Allahs ausgeben, eine schmerzliche Strafe.*}[125]

Wir sollten die Bedeutung dieses heiligen Verses, in dem deutlich gesagt wird, daß sich derjenige, der die Bedürftigen ihrer Rechte beraubt, in der Hölle wiederfinden wird, sehr ernst nehmen. Angesichts einer solchen göttlichen Drohung sollte man wirklich nachdenklich werden und sich durch Geben von Spenden und wohltätigen Abgaben bemühen, über das vorgeschriebene Vierzigstel des Besitzes hinauszugehen. Darauf weist auch der folgende Qur'ânvers hin:

{*Und sie befragen dich, was sie spenden sollen. Sprich: „Das was ihr entbehren könnt!" So macht euch Allah die Zeichen klar, auf daß ihr nachdenken möget.*}[126]

Der Islam verlangt von uns, Menschen, die in Schwierigkeiten sind, die Hand zu reichen, ohne eine Gegenleistung zu erwarten, und hat auf diese Weise unzählige blutende Wunden geheilt.

WIR DURCHLEBEN DERZEIT IN WIRTSCHAFTLICHER HINSICHT SCHWERE ZEITEN, SO DASS MAN SICHER SAGEN KANN, DASS ZAKÂT UND WOHLTÄTIGKEIT HEUTZUTAGE EINE GANZ BESONDERE BEDEUTUNG ZUKOMMT.

Wie Sie richtig bemerkt haben, steckt unser Land[127] heute in einer materiellen und geistigen, sozialen und wirtschaftlichen Krise. Aus diesem

125. Qur'ân, 9:34
126. Qur'ân, 2:219
127. (Anm. d. Übers.:) Der Autor spricht hier speziell von der Türkei, seine Aussagen gelten jedoch für fast alle muslimischen Länder.

Grunde bedarf es einer großen Mobilmachung für wohltätige Zwecke. Wir müssen die Sorgen unserer kranken, notleidenden, schwachen und schutzlosen gläubigen Geschwister teilen. Denn die Barmherzigkeit beschert uns im Diesseits Seelenfrieden und im Jenseits die verheißene ewige Glückseligkeit. Es besteht über die Entrichtung der *Zakât* hinaus die Notwendigkeit, daß unsere bemittelten Brüder ihre gesegneten und vortrefflichen Bemühungen intensivieren, denn die *Zakât* ist eine Verpflichtung für normale Zeiten zum Schutz und zur Versorgung der Bedürftigen. Es kommt jedoch vor, daß die Not der Bedürftigen über das Maß des Normalen hinausgeht. In einer solchen Gesellschaft ist die Wohltätigkeit für Herstellung und Erhalt sozialen Friedens, Harmonie und Zufriedenheit von um so größerer Bedeutung. Deshalb darf man sich in solchen Zeiten nicht mit dem Entrichten der Pflichtabgabe begnügen, denn es könnte ja ebenso gut uns selbst widerfahren, daß wir in die Lage kommen, in Not oder bedürftig zu sein. Gleichzeitig ist eine derartige Erfüllung unserer gesellschaftlichen Verantwortung über die Pflicht hinaus ein Ausdruck der Dankbarkeit gegenüber unserem Herrn.

So, wie wir unsere Kinder von klein auf an das Gebet gewöhnen müssen, ist es auch notwendig, sie für die Wohltätigkeit zu begeistern und sie daran zu gewöhnen, die Bedürftigen und Leidenden zu erfreuen. Wenn wir mit dieser Erziehung nicht in jungen Jahren beginnen, wird es später sehr schwer sein, ein Resultat zu erlangen. Sie müssen in dem Bewusstsein aufwachsen, daß

Wer sich die Geschenke gottgefälligen Charakters und himmlischer Gnade wünscht, muß die Bedürftigen und Not Leidenden an den weltlichen Gaben, die ihm geschenkt wurden, Teil haben lassen.

Wenn wir unsere Wünsche und Phantasien zum Gegenstand unserer Bittgebete machen, sollten wir nicht darauf bestehen, daß der Inhalt unserer Bitten immer gut und richtig für uns ist. Wir sollten stets sagen: „O Herr, erfülle meine Bitte, wenn darin Segen liegt!"

der wahre Besitzer allen Reichtums Allah ist und sich selbst als eine Art Verwalter oder Treuhänder verstehen. Eine von solchem Denken geprägte neue Generation könnte die lobenswerten Vorbilder unserer Geschichte, die von großartigen karitativen Leistungen der Wohltätigkeit geprägt war, zu neuem Leben erwecken.

Lassen sie mich ein Beispiel nennen: Als die Osmanen 1913 im Begriff waren, die Gebiete des Balkan zu verlieren, veranstalteten die indischen Gebrüder Jawhari und die Vorsitzenden der islamischen Organisationen in Indien immer wieder Kundgebungen, in denen sie alle Muslime dazu aufriefen, die Osmanen zu unterstützen und die Gläubigen ermunterten, ihre *Zakât* und Spenden dorthin zu entrichten. Sie veranstalteten an öffentlichen Plätzen Ausstellungen zu diesem Thema, bei denen es manchmal zu denkwürdigen Szenen kam. Einmal ging ein junger Mann an einer solchen Ausstellung vorbei und als er sah, worum es ging, zog er sein Hemd und sein Unterhemd aus und gab sie hin. Ein anderes Mal kam ein alter Mann und spendete sein Leichentuch.

Solche und viele ähnliche Ereignisse gleichen Denkmalen der Wohltätigkeit. Diese Art von Selbstlosigkeit – anderen zu geben, obwohl man selbst bedürftig ist – ist Ausdruck einer gewaltigen Herzensgröße. Wie viel mehr bedürfen wir heutzutage solcher Begeisterung. Natürlich ist es auch in unserer Zeit wichtig, daß die *Zakât* allen zugute kommt, die zu ihrem Empfang berechtigt sind, doch ich bin der Überzeugung, daß es am wichtigsten ist, sie jenen zukommen zu lassen, die sich *fî sabîliLlah*, das heißt auf dem Wege Allahs des Allmächtigen bemühen.

IM VERLAUF UNSERER GESCHICHTE HABEN SICH DIE STIFTUNGEN ALS FESTE INSTITUTIONEN ZUR VERRICHTUNG GUTER WERKE BEWÄHRT. KÖNNEN SIE BITTE DAZU ETWAS SAGEN?

Die Institutionalisierung der Wohltätigkeit führt zur Gründung von Stiftungen. In der Stiftung widmen wir unseren – eigentlich nur im übertragenen Sinne bestehenden – Besitzanspruch ganz und gar Allah, dem Erhabenen. Das verhindert sowohl die Möglichkeit des direkten Besitzes des Stiftungsguts als auch die Übereignung desselben, indem seine Nutzung auf dem Wege Allahs für alle Zeiten festgeschrieben wird. Damit ist die Absicht verbunden – um Allahs Majestät und Herrlichkeit willen – allen Geschöpfen mit Herzenswärme und Nächstenliebe entgegenzukommen, um so durch Hingabe des eigenen Lebens und Besitzes das Paradies zu erwerben.

Wie wir bereits mehrfach erwähnt haben, gab es zur Zeit des Osmanischen Reiches über 26.000 Stiftungen, die von selbstlosen Menschen gegründet und aufrecht erhalten wurden. Die Bevölkerung dieses riesigen Weltreiches lebte mit Hilfe der Stiftungen in einem ausgeglichenen Zustand gesellschaftlichen Einvernehmens. Gleichzeitig sind all diese Stiftungen Denkmäler, die das Volk den Tugenden des Mitgefühls und der Nächstenliebe errichtet hat. Sie sind die vorzüglichsten Stätten zur Verteilung wohltätiger

Damit Besitz wirklichen Nutzen bringt, ist es unbedingt notwendig, ihn auf rechtschaffene Weise im Sinne der göttlichen Gebote zu verwenden.

Wenn die Berechnung der Zakât nach dem Mondjahr durchgeführt wird, sind von Gold, Silber oder Geld 2,5% Zakât zu zahlen; bei Berechnung auf Grundlage des Sonnenjahres sind es pro Jahr 2,6%.

Gaben. Wie sehr bedürfen wir heutzutage gerade solcher Einrichtungen! Wir sollten alles in unserer Macht Stehende tun, um diese Institutionen wieder zu beleben, auf daß sie den Notleidenden in unserer Gesellschaft Geborgenheit und Nächstenliebe vermitteln.

Was weiß der Bewohner eines luxuriösen Villenviertels vom Leid eines Menschen, der in einer der hastig über Nacht außerhalb der Stadt illegal errichteten Hütten wohnt? Hat er je von dessen Existenz oder seinen Lebensbedingungen gehört?

Die Menschen sind uns anvertraut, ebenso wie aller Besitz nur anvertrautes Gut ist. Alles in dieser vergänglichen Welt ist uns nur anvertraut. Der größte Segen liegt darin, das Anvertraute seiner wahren Bestimmung zuzuführen. Wohltätigkeit beschränkt sich nicht allein aufs Materielle. Von all dem, was Allah uns gegeben hat, sollten Spenden gegeben werden! Den Islam in lebendiger Praxis zu vermitteln, ist sicher die schönste Form von Wohltätigkeit. Die vortrefflichen Prophetengefährten opferten sich für den Islam auf, um den Ruf des Glaubens bis in die entlegendsten Winkel der Welt zu tragen und die Menschen unter dem Banner der göttlichen Rechtleitung zu vereinen. Auch heutzutage besteht die vortrefflichste Form von Wohltätigkeit darin, mit ebensolcher Begeisterung die faszinierende Schönheit des Islam zu präsentieren. Die wahren Gründe wirtschaftlichen Niedergangs und gesellschaftlicher Krisen sind nicht materieller sondern spiritueller Art. Weil der Mensch das ihm anvertraute Gut veruntreut und sein Vermögen, statt es mit dem zu teilen, der darauf ein Anrecht hat, zur Befriedigung seiner niederen triebhaften Wünsche und Begierden verschwendet, nimmt Allah, der Allmächtige All-Erhabene, seinem Besitz jeglichen Segen. Ihm gilt der verwünschende Seufzer des Entrechteten und dann folgt ein Unglück dem anderen.

Wenn wir zurückblicken, legt die Geschichte Zeugnis davon ab, welche Zufriedenheit und gesellschaftliche Harmonie die *Zakât* und wohltätige Spenden unseren Völkern gebracht haben.

IN UNSERER GESCHICHTE SEHEN WIR, DASS UNSERE VORFAHREN DEM WOHLERGEHEN IHRER NACHBARN ODER DER SCHWACHEN UND HILFLOSEN DER GESELLSCHAFT OFT MEHR BEACHTUNG SCHENKTEN ALS SICH SELBST. HEUTZUTAGE STELLEN WIR HINGEGEN FEST, DASS ALS FOLGE EINES UNGEZÜGELTEN KAPITALISMUS, DER EINEN UNERSÄTTLICHEN HUNGER NACH MATERIELLEM PRODUZIERT, DIE MENSCHEN IMMER EGOISTISCHER WERDEN UND KAUM NOCH AN ANDERE DENKEN. KÖNNTEN SIE ETWAS ZU DEN URSACHEN UND AUSWIRKUNGEN DIESES PHÄNOMENS SAGEN?

Wenn alle Muslime ihre *Zakât* entrichten würden, gäbe es bald niemand mehr, der zum Empfang der *Zakât* berechtigt wäre. Und wenn alle Landbesitzer die *'Uschr*, welche die *Zakât* auf ihre landwirtschaftlichen Erträge ist, und alle Nutztierhalter die *Zakât* von ihren Herden entrichten würden, glaube ich, daß es in der

Bemühe dich, auf rechtmäßigem Wege zu dem erforderlichen Wohlstand zu gelangen, dann entrichte die Zakât und vollführe die Pilgerfahrt!

Bevölkerung keine Bedürftigen und Notleidenden mehr geben dürfte. Dafür gibt es geschichtliche Beispiele. Zu Zeiten des Kalifen ´Umar ibn ´Abd al-´Azîz zahlten die Wohlhabenden ihre *Zakât* in vollem Maße, worauf die Bevölkerung einen solchen Wohlstand erlebte, daß es kaum noch jemanden gab, an den man die *Zakât* entrichten konnte.

Auch unsere Vorfahren lieferten dafür ein gutes Beispiel. Sie wetteiferten auf dem Gebiet der Wohltätigkeit in solchem Maße, daß sie oft den Nächsten sich selbst vorzogen, was mit dem Begriff *Ithâr* bezeichnet wird. *Ithâr* beschreibt das „sich selbst etwas entreißen, um es wegzugeben" oder „deinem Bruder das zu geben, dessen du selbst bedarfst." Dies ist eine Stufe der Selbstlosigkeit, die man sicher nicht von jedem Menschen erwarten kann. Nur in einer Bevölkerung, deren spirituelles Niveau von Propheten und Heiligen geprägt ist, tritt eine solche bewundernswerte Bereitschaft zum *Ithâr* zutage.

Heutzutage müssen wir ein größeres Gewicht auf freiwillige wohltätige Spenden legen und versuchen, die Menschen dafür zu motivieren. Die Gründung religiöser Einrichtungen und die Ausbildung engagierter Menschen zum Dienst für den Islam, sowie die Errichtung von Krankenhäusern und Pflegeheimen zur Unterbringung von Kranken und Notleidenden, gehören dabei zu den wichtigsten gesellschaftlichen Aufgaben.

Der Islam ermutigt die Menschen zum Handel und geschäftlicher Tätigkeit. Dabei ist die im Islam angestrebte Wirtschaftsform weder ein schrankenloser Liberalismus noch ein alles reglementierendes sozialistisches System.

WIE SOLLTE DIE ZAKÂT ENTRICHTET WERDEN UND WAS IST DABEI BESONDERS ZU BEACHTEN?

Es gehört zu den Pflichten eines erwachsenen Muslims, sich beim Geben der *Zakât* so zu verhalten, daß deren Empfänger nicht verletzt oder erniedrigt werden. Unsere Vorfahren haben in dieser Hinsicht eine derartige Sensibilität bewiesen, daß die Vollkommenheit ihres vorzüglichen Benehmens einen kaum zu übertreffenden Höhepunkt islamischer Moralität und menschlichen Anstandes darstellt.

Früher gab es in den Moscheen die „Spendensteine". Wer etwas spenden wollte, tat es in einen Umschlag und ließ diesen dort zurück. Der Bedürftige nahm sich davon was er benötigte und ging dann, ohne den Spender gesehen zu haben, seines Weges. Dabei besaßen die Menschen eine solche Tugendhaftigkeit, ein derart ausgeprägtes Bewußtsein für Moral und ein so starkes Verantwortungsgefühl, daß die Bedürftigen diese Gelegenheit nicht mißbrauchten. Auch heute gibt es in manchen alten Moscheen noch diese Spendensteine, doch die Menschen der heutigen Generation sehen vielleicht diese Steine, wissen jedoch nichts mehr über deren Zweck. Allah, der in höchster Majestät Erhabene, sagt im Heiligen Qur'ân:

{*Wahrhaft erfolgreich sind die Gläubigen. Diejenigen, die in ihren Gebeten ehrerbietig sind*}[128]

Die gleiche gottesfürchtige Ehrerbietung wie im Gebet ist auch beim Entrichten der *Zakât* von-

„Der vertrauenswürdige, wahrhaftige und gottergebene Geschäftsmann wird am Jüngsten Tage gemeinsam mit den Märtyrern auferweckt werden."
Ibn Mâjah, Tijâra, 1

128. Qur'ân, 23:1-2

Wir müssen die Sorgen unserer kranken, notleidenden, schwachen und schutzlosen gläubigen Geschwister teilen, denn die Barmherzigkeit beschert uns im Diesseits Seelenfrieden und im Jenseits die verheißene ewige Glückseligkeit.

nöten. Das rechte Benehmen beim Geben wird im Qur'ân folgendermaßen beschrieben:

{*O ihr Gläubigen, macht nicht eure Wohltätigkeit durch Vorhaltungen und verletzende Worte zunichte, wie der, der seinen Besitz ausgibt, um von den Leuten gesehen zu werden und nicht an Allah glaubt und an den Jüngsten Tag!*}[129]

Beim Entrichten der *Zakât,* und ebenso beim Geben freiwilliger Spenden, sollten wir uns milde und mitfühlend verhalten, ganz so, als ob wir selber die Empfänger wären. Dabei sollten wir uns bewußt machen, daß diese von Allah bestimmte Rollenverteilung der Schicksale genauso gut umgekehrt aussehen könnte, indem wir uns selbst sagen: „Ich könnte ja auch in der Lage des Bedürftigen sein." Der innere Zustand des Empfängers der *Zakât* hängt von dem euren ab. Der Zustand eures Herzens spiegelt sich in ihm wieder. Wenn ihr im Herzen beim Geben aufrichtig seid, werdet ihr auch in eurem Gegenüber Aufrichtigkeit spüren. Wenn ihr meint, hastig etwas loswerden zu müssen, um euch dann eilig wieder abzuwenden, wird auch der auf euch zurückfallende Segen dementsprechend ausfallen.

Das rechte Benehmen beim Überreichen von *Zakât* oder Spenden ist besonders wichtig. Wenn sie so gegeben werden, als würde man sie Allah geben, das heißt, in einer Haltung demütiger Dankbarkeit und in dem Bewußtsein, daß dieser Besitz eine von Allah verliehene Gabe ist, dann wird der göttliche Segen um ein Vielfaches größer sein. Wir sollten daran denken, daß es die

129. Qur'ân, 2:264

Bedürftigen sind, die uns die Erfüllung einer von Allah bestimmten religiösen Pflicht ermöglichen, und ihnen gegenüber deshalb Respekt und Dankbarkeit empfinden. Darum ist es am besten, wenn wir, um unsere wohltätigen Abgaben und Spenden zu geben, möglichst persönlich zu den Armen gehen und ihnen diese überreichen.

Das ehrwürdige Prophetenwort, nach dem die Spende zuerst in die Hand Allahs des All-Erhabenen gelangt und dann den Bedürftigen erreicht,[130] ist hinsichtlich des rechten Verhaltens und der Höflichkeit beim Geben wohltätiger Abgaben von großer Bedeutung. So, wie wir beim Überreichen eines Geschenkes oder eines uns anvertrauten Gegenstandes auf die Verpackung und ein höfliches Benehmen Wert legen, sollten wir dies auch beim Geben von Spenden tun. So, wie wir beim Einkauf einer Ware für uns selbst sorgfältig sind, sollten wir ebenfalls Sorgfalt und Gewissenhaftigkeit walten lassen und entsprechend Zeit und Energie aufwenden, wenn es darum geht, dieses uns anvertraute Gut demjenigen zu überbringen, der darauf Anspruch hat. Ein freundliches Lächeln und ein höfliches Wort sind dabei das Mindeste.

Eine der Geistesgrößen des vergangenen Jahrhunderts war der ehrwürdige Mahmûd Sâmî Efendi. Wenn er im Auto unterwegs war und einen Bedürftigen sah, ließ er das Auto halten, öffnete die Tür, stieg aus, ging einige Schritte zu dem Bedürftigen hin und übergab ihm mit einem freundlichen Lächeln und einer höflichen Geste seine Spende. Selbstlosigkeit, Höflichkeit und

Unsere Vorfahren lieferten uns ein wunderbares Beispiel: Sie wetteiferten auf dem Gebiet der Wohltätigkeit in solchem Maße, daß sie oft den Nächsten sich selbst vorzogen.

130. Siehe *Sahîh Muslim*, *Zakât*, 63

Mitgefühl sollten unsere Erkennungsmerkmale als Muslime sein!

Im Heiligen Qur'ân heißt es wiederum zum rechten Benehmen beim Geben von Spenden und wohltätigen Abgaben:

{*O die ihr glaubt, spendet von dem Guten, das ihr erworben habt und dem, was Wir für euch aus der Erde hervorkommen lassen! Und sucht zum Spenden nicht das Schlechte aus, das ihr selbst nicht nehmen würdet, außer mit verschlossenen Augen. Und wisset, Allah ist sich in Seinem Reichtum Selbst genüge und des Lobpreises würdig.*}[131]

Dem Diener obliegt es, diese soziale Form des Gottesdienstes mit Liebe, Motivation und Begeisterung zu praktizieren.

Die Zakât stellt den Pflichtanteil dar, der an die Bedürftigen zu entrichten ist, doch das Vermögen sollte darüber hinaus durch Spenden, wohltätige Abgaben und Schenkungen veredelt werden.

Der ehrwürdige Meister Jalâluddîn Rûmî sagt: „Das Herz ist Ort der Schau der Herrlichkeit des All-Gnädigen." Glaube ist vor allem eine Sache des Herzens. Barmherzigkeit ist eine der Früchte des Glaubens im Herzen. Laßt uns barmherzig zu denen sein, die auf der Erde sind, damit auch die im Himmel uns gegenüber barmherzig sind! Möge sich unser Herr, der grenzenlose Stärke und Macht besitzt, unser erbarmen und uns vergeben!

Die *Zakât* hat noch ganz andere, faszinierende spirituelle Aspekte. Die Hüdâyî-Stiftung, in der wir uns hier befinden, erhält Spenden aus unterschiedlichen Quellen. Bei den Spenden bestimmter Personen und den damit durchgeführten wohltätigen Werken ist einem wohler als

131. Qur'ân, 2:267

bei anderen. Dieser Umstand deutet vermutlich auf den Grad der Lauterkeit dieses Geldes hin. Es ist, als ob in diesem Geld ein Gesetz wirkt, das aufgrund des gesegneten Erwerbs desselben eine bestimmte Anziehungskraft ausübt. Wenn der Erwerb vollkommen rechtmäßig war, empfindet ihr beim Nehmen und Geben dessen Segen. Und die Reaktion des bedürftigen Empfängers besteht in tausendundeinem Bittgebeten. Genau das macht diesen spirituellen Aspekt aus.

Ein weiterer wichtiger Aspekt besteht darin, daß, neben den Bittenden, die ihre Bedürftigkeit vorbringen, ebenso jene Entbehrungen Leidenden, die sich scheuen, um etwas zu bitten, einen Anspruch gegenüber den Wohlhabenden besitzen. Im Heiligen Qur'ân wird uns dies mit folgenden Worten mitgeteilt:

{*Und an ihrem Vermögen besteht ein Anrecht für den Bittenden und den Entbehrungen Leidenden.*}[132]

Dabei sind mit „Entbehrungen Leidende" (*mahrûm*) diejenigen empfindsamen Menschen gemeint, die sich, aus dem ihnen anerzogenen Anstand heraus, schämen, andere um etwas zu bitten. Dennoch dürfen diese Bedürftigen keinesfalls vernachlässigt werden. Man darf sich nicht von ihrem äußerem Erscheinungsbild täuschen lassen und fälschlicherweise annehmen, daß sie nicht zu den Bedürftigen zählen.

Wenn ihr im Herzen beim Geben aufrichtig seid, werdet ihr auch in eurem Gegenüber Aufrichtigkeit spüren. Wenn ihr meint, hastig etwas loswerden zu müssen, um euch dann eilig wieder abzuwenden, wird auch der auf euch zurückfallende Segen dementsprechend ausfallen.

132. Qur'ân, 51:19

Wenn der Erwerb vollkommen rechtmäßig war, empfindet ihr beim Nehmen und Geben dessen Segen. Die Reaktion des bedürftigen Empfängers besteht in tausend-und-einem Bittgebeten. Genau das macht den spirituellen Aspekt der Abgaben aus.

BEDEUTET DAS, DASS ES HIERZU GENAUER NACHFORSCHUNGEN BEDARF?

Ja, sicher! Denn für eine gottesdienstliche Verpflichtung wie die *Zakât* ist es unabdingbar, zu untersuchen, wer zu ihrem Empfang berechtigt ist. Das geht sogar so weit, daß man die *Zakât* noch einmal entrichten muß, wenn die *Zakât* ohne vorherige Untersuchung an nicht empfangsberechtigte Personen entrichtet wurde. Für die Gültigkeit der *Zakât* gelten zwei Vorbedingungen: eine davon ist die Untersuchung (*taharrin*), wer berechtigt ist, die *Zakât* zu empfangen, die zweite ist die vollständige Inbesitznahme (*tamlîk*) der *Zakât* durch ihren Empfänger. Wenn also keine derartigen Nachforschungen stattgefunden haben, ist es – für den Fall, daß sie nicht an wirklich Bedürftige gezahlt wurde – Pflicht, die *Zakât* noch einmal zu entrichten.

WIE VERHÄLT ES SICH BEI ENTRICHTUNG DER ZAKÂT AN EINE ORGANISATION, ZUM BEISPIEL EINE STIFTUNG, DIE DIE VERTEILUNG DER ZAKÂT ÜBERNIMMT? IST IN DIESEM FALL DIE UNTERSUCHUNG SACHE DER INSTITUTION?

Bei der Entrichtung der *Zakât* über eine vermittelnde Institution ist die Untersuchung der Empfangsberechtigung gänzlich Sache der Institution. Die hierfür innerhalb der Stiftung verantwortlichen Personen müssen in den jeweiligen Bezirken Nachforschungen tätigen und von den Ortsvorstehern, den Imamen der Moscheen oder ähnlich vertrauenswürdigen Personen in Erfahrung bringen, wer als Empfänger der *Zakât* in

Frage kommt. Wenn möglich, sollte man den potentiellen *Zakât*-Empfänger auch zuhause aufsuchen, um einen Mißbrauch der wohltätigen Einrichtungen auszuschließen. Nach einer solchen Überprüfung sollte der Verantwortung genüge getan sein – und Allah weiß es am besten. Wenn derart nachgeforscht wurde und sich später doch herausstellt, daß der Empfänger nicht zum Empfang der *Zakât* berechtigt war, ist es nicht notwendig, die *Zakât* noch einmal zu entrichten.

Die *Zakât* darf nur an natürliche Personen gezahlt werden, wobei die vollständige Übertragung des Besitzrechts Bedingung ist. Juristischen Personen oder Organisationen darf keine *Zakât* gegeben werden. Moscheen, Schulen, Qur'ânschulen und Krankenhäuser werden nicht durch *Zakât*, sondern durch andere wohltätige Abgaben (*infâq*) finanziert. Das zeigt, wie wichtig die über die *Zakât* hinausgehenden wohltätigen Abgaben sind. Die über 26.000 Stiftungen des Osmanischen Reiches wurden allein aus solchen freiwilligen Spenden errichtet und unterhalten. Dazu gehörten Stiftungen für die Wasserversorgung, Krankenhäuser, Stiftungen für die Verheiratung von Waisen, Stiftungen für Lastträger und sogar für Vögel. Es gab Stiftungen, deren Stiftungszweck uns nicht einmal im Traume einfallen würde; die Phantasie der heutigen Menschen reicht nicht aus, sich in die damit verbundenen Höhen menschlichen Mitgefühls hineinzuversetzen. Diese Stiftungen waren die Errungenschaften hoch entwickelter Seelen und weit über den Horizont hinausblickender Charaktere.

Reichtum ist aus der Sicht des Islam nicht das, was man im allgemeinen Sprachgebrauch darunter versteht; Reichtum ist im Islam nicht das gewaltige Vermögen eines Superreichen. Im Sinne der Scharî´a gilt als wohlhabend, wer 81 g Gold oder dessen Gegenwert besitzt.

Weil es durch göttliches Gebot zur Pflicht gemacht wurde, haben die Bedürftigen einen Rechtsanspruch auf den Betrag der Zakât aus dem Zakâtpflichtigen Besitz; diesen zu unterschlagen ist Diebstahl!

Im Osmanischen Reich gehörten zum Gebäudekomplex einer Moschee meist neben dem eigentlichen Gotteshaus eine Krankenstation, ein Brunnen sowie eine Medresse. So deckte die Moschee mit ihrem Umfeld einen großen Teil der grundlegenden Bedürfnisse der Menschen ihres Einzugsgebietes ab. Zum einen verstärkte diese Anordnung bei den Menschen das Empfinden, daß das Reich in Wirklichkeit Allah gehört, andererseits diente sie der Aufrechterhaltung des gesellschaftlichen Gleichgewichts. Arm und Reich lebten Tür an Tür und die Häuser der Wohlhabenden waren Zufluchtsorte der Bedürftigen; dort konnten die Armen unbefangen von ihren Sorgen berichten und die Waisen fanden dort Zuspruch und Unterkunft. Eigentlich existierte kein grundlegender Unterschied zwischen dem Haus eines Reichen und dem eines Armen. Die Herzen der Wohlhabenden und der Bedürftigen schlugen im gleichen Takt und alle fühlten sich miteinander brüderlich verbunden. Die Reichen gaben den Armen gern, in höflicher Weise, und voller Dankbarkeit dafür, daß diese ihnen ermöglichten, ihre religiöse Pflicht zu erfüllen und daß sie aufgrund dieser Spenden vor Unheil bewahrt blieben. Die Armen hingegen empfanden Dankbarkeit für die Geschenke Allahs, die ihnen durch die Wohlhabenden zuteil wurden.

ZWEIFELLOS GIBT ES IN UNSERER GESCHICHTE ZAHLLOSE BEISPIEL WOHLTÄTIGER SPENDEN UND FREIGIEBIGER SCHENKUNGEN. AUCH HEUTE GIBT ES SICHER, WENN AUCH SELTENER, DERARTIGE EREIGNISSE. KÖNNTEN SIE UNS EIN PAAR VORFÄLLE BERICHTEN, DIE SIE BESONDERS BEEINDRUCKT HABEN?

Zuerst fallen mir da mein Vater und mein Onkel ein. Wenn sie einem Bedürftigen etwas geben wollten, packten sie es schön ein und überreichten es ihm mit ganz besonderer Höflichkeit. So vermieden sie es, jemanden in seinem Stolz zu verletzen und gewannen die Herzen der Menschen. Die Empfänger zeigten sich hoch erfreut und die Spender empfanden eine innere Zufriedenheit. Der eine nahm es als Gottesgabe an, der andere wußte, daß er auf diese Weise ein ihm von Allah anvertrautes Gut zurückgegeben hatte.

Auch in der Hüdâyî-Stiftung gibt es unzählige bemerkenswerte Beispiele. Einmal halfen wir einer Mutter und deren Sohn. Der junge Mann war gelähmt, er war gerade mit der Universität fertig. Eines Tages erschien die Mutter in der Stiftung und bedankte sich für die Unterstützung. Dann sagte sie: „Von heute an werde ich keine Hilfe mehr annehmen, damit sie anderen, die bedürftiger sind als ich, zugute kommen kann, denn mein Sohn ist gestorben. Mit der letzten Zahlung der Stiftung habe ich sein Begräbnis bezahlt. Nun bin ich ganz allein zurückgeblieben. Damit werde ich – wie auch immer – selbst zurechtkommen. Den Betrag, den sie bisher an uns gezahlt haben, können sie nun

Was weiß der Bewohner eines luxuriösen Villenviertels vom Leid eines Menschen, der in einer der hastig über Nacht außerhalb der Stadt illegal errichteten Hütten wohnt?

einer bedürftigen Familie geben, denen es so geht, wie uns zuvor."

Ein anderes Mal halfen wir einer Familie aus Holland, in der das Familienoberhaupt verstorben war, so daß die Kinder zu Halbwaisen geworden waren. Eines Tages erhielten wir in der Stiftung einen Brief von dieser Familie. Darin bedankte sich die Mutter dieser Kinder und schrieb: „Ich habe die Schulden meines Ehemannes abgezahlt. Nun habe ich ihn von den Rechtsansprüchen der anderen Menschen, die auf ihm lasteten, befreit. Ich bin jetzt imstande mit eigener Kraft auszukommen."

Es gibt unzählige solcher Fälle. Dies sind Beispiele selbstlosen Verzichts zugunsten anderer (*ithâr*), jener hohen Tugend, die darin besteht, um anderer Menschen willen auf den eigenen Vorteil zu verzichten.

WIR DANKEN IHNEN FÜR DIESES GESPRÄCH.

Wir haben zu danken!

„Die rechtmäßigste und beste Nahrung ist diejenige, die man selbst verdient hat."
Ibn Mâjah, Tijâra, 1

Anhang

FREMDWÖRTER-VERZEICHNIS

Adab, rechtes Benehmen, vortreffliches Verhalten, gute Manieren.

Akce, kleinste Silbermünze im Osmanischen Reich.

Ansâr (*al-Ansâr*), „die Helfer“, die Gläubigen von Medina, die die *Muhajirûn* nach deren Auswanderung (*Hijra*) aufnahmen und unterstützten.

Ashâb-i Suffa, wörtl.: „Gefährten der Bank“, eine Gruppe besitzloser Prophetengefährten, die sich auf einer Art „Bank“ hinter dem Hause des Propheten – Allah segne ihn und seine Gefährten und schenke ihm und ihnen Frieden – aufhielten und dort von ihm im Glauben unterwiesen wurden.

Basmala, die Worte *Bismillahi r-Rahmâni r-Rahîm*, „Im Namen Allahs, des All-Gnädigen, des All-Barmherzigen“.

Bay´â, Treueschwur.

Bi'r Hâ, berühmter Dattelhain in Medina, eine der ersten Stiftungen im Islam.

Birr, reine Frömmigkeit, Rechtschaffenheit.

Camii, arab.: *Jâmi´*, muslimische Gebetsstätte, Moschee.

Dâr al-Hadîth, spezielle Unterrichtsstätte zum Studium der prophetischen Überlieferung

Dâr al-Huffâz, spezielle Unterrichtsstätte zum Erlernen des Qur'ân.

Dâru'ş-Şifâ, wörtl.: „Haus der Genesung“, Krankenpflegestation.

Dirham, Silbermünze von ca. 3 g.

Fâtiha (*al-Fâtiha*), „die Eröffnende“, die erste Sure des Qur'ân.

Faqîr, pl. *Fuqarâ'*, Armer, jemand der weniger als den *Zakât*-pflichtigen Betrag besitzt.

Fiqh, islam. Rechtswissenschaft.

Fî sabîliLlah, auf dem Wege Allahs.

Hadîth, prophetische Überlieferung.

Halâl, nach dem göttlichem Gesetz erlaubt, rechtlich zulässig, rechtmäßig.

Hamâm, Badehaus, türk. Bad.

Harâm, nach d. göttl. Gesetz verboten, rechtlich unzulässig, verwehrt, unantastbar.

Hasanât, verdienstvolle, rechtschaffene Werke oder Taten.

Hijra, Auswanderung des Propheten von Mekka nach Medina und Beginn der islam. Zeitrechnung.

Hizmet (arab.: *Khidma*,) Dienst zum Wohle der Menschen, Pflege, Fürsorge.

Ibni sabîl, wörtl.: „Sohn d. Weges", Reisender.

Ilmihal, Zusammenfassung der religiösen Bestimmungen für den tägl. Gebrauch, Katechismus

Imaret, Stiftungsgebäude im Osmanischen Reich, die als öffentliche Gästehäuser dienten.

Infâq, Gabe, wohltätige Abgabe, Spende.

Îthâr, (türk.: *Isâr*,) Bevorzugung anderer vor sich selbst, Verzicht um anderer willen.

Ka'ba, das erste und wichtigste Gotteshaus und zentrale Heiligtum des Islam in Mekka.

Khayr, pl. *Khayrât* (türk.: *Hayr*), „Gutes", Wohltätigkeit, gute Tat.

Maslaha, Angelegenheit, Erfordernis, Nutzen, Wohl, Interesse; bezeichnet in der islam. Rechtswissenschaft das Allgemeinwohl oder öffentliche Interesse.

Medina *al-Munawwara*, Medina, „die Erleuchtete".

Medresse, (arab.: *Madrassa*,) religiöse Unterrichtsstätte.

Mekka *al-Mukarrama*: Mekka, „die Ehrwürdige".

Mîrî arâzi, dem Staat gehörendes Pachtland, staatliches Lehen.

Miskîn, pl. *Masâkîn*, Bedürftiger, jemand, der nicht genug für den tägl. Lebensunterhalt besitzt.

Miskinler Tekkesi, wörtl.: „Konvent der Bedürftigen", Sanatorium (z.B. für Leprakranke).

Muhajirûn, (*al-Muhajirûn*), „die Auswanderer", die von Mekka nach Medina ausgewanderten Gläubigen.

Mulk (türk. *mülk*), Reich, Besitz, Grundbesitz, Herrschaft.

Mülkî arâzi, Grundeigentum, Land, das sich in Privatbesitz befindet

Mu'allafat qulûbuhum, Personen, die dem Islam nahe stehen oder deren Herzen für den Islam gewonnen werden könnten.

Nâkibu l-Eşrâf, (arab.: *Nâqib al-Aschrâf*,) Verantwortlicher für die Angelegenheiten der Nachfahren des Propheten Muhammad – Allah segne ihn und schenke ihm Frieden.

Osmanisches Reich, ca. 1300 gegründet von Osman Gazi umfaßte dieses größte Reich der Muslime zur seiner Glanzzeit fast alle muslim. Länder. Im Jahre 1922 wurde es aufgelöst und das verbliebene Kerngebiet, Anatolien und ein Teil Rumeliens, wurden zur heutigen türkischen Republik.

Namâ', Zugewinn, wirtschaftlicher Nutzen.

Nisâb, Mindestmenge, ab der die *Zakât* zu entrichten ist.

Padischah, persisch für „König", „Großherr", Titel des regierenden osmanischen Sultans.

ar-Rahîm, „der All-Barmherzige", Name Allahs.

ar-Rahmân, „der All-Gnädige", Name Allahs.

Ramadân (türk.: *Ramazan*), 9. Monat des islamischen Kalenders, heiliger Fastenmonat d. Islam.

Sadrâzam, Großwesir, Titel des obersten Ministers im Osmanischen Reich.

Salât, (türk.: *Namaz*,) das fünf Mal täglich zu verrichtende rituelle Gebet der Muslime.

Sadaqa Spende, Abgabe.

Sadaqat al-jâriyya, fortdauernde wohltätige Abgabe.

Scharî'a, göttliches Gesetz.

Surre Alayı, „Zug der Geldbörse", jährlich, vor Beginn der großen Pilgerfahrt vom Sultan von Istanbul zu den Heiligen Stätten Mekka und Medina entsandte Karawane mit Gaben und Geschenken.

Sûfi, Muslim, der sich auf dem Weg der inneren Läuterung befindet, islamischer Mystiker.

Tekke, (arab.: *Zawiyya*,) Derwisch-Konvent, Versammlungsort eines *Sûfi*-Ordens.

'Uschr, wörtl.: „Zehntel", Pflichtabgabe auf landwirtschaftliche Produkte.

Taharrin, Untersuchung, Nachforschung (z.B. ob eine Person zum Empfang der Zakât berechtigt ist).

Tamlîk, Inbesitznahme, Übertragung von Besitz.

Tauhîd, göttliche Einheit, Lehre von der Einheit Gottes.

Taqarrub ilâ-Llah, sich „Allah nähern", das Streben nach Gottesnähe.

Tazkiyya, (innere) Reinigung, Läuterung

Umma (*Ummatu l-Muhammadî*), die Gemeinschaft Muhammads, die Gemeinde der Gläubigen.

wa-Llahi, wörtl.: „bei Allah“, Schwur- oder Eidesformel.

Wâli, Provinzgoverneur.

Waqf, pl. *Auqâf*, (türk.: *Vakıf*) Stiftung.

Waqifnâme, Stiftungsurkunde.

Wâsî, Bevollmächtigter, Treuhänder, Testamentsvollstrecker.

Zakât, die reinigende Pflichtabgabe.

NAMEN UND ORTE

´Abdullah ibn Rawâha, für seine Dichtkunst bekannter medinensischer Prophetengefährte – möge Allah mit ihm zufrieden sein.

´Abdul-Hamîd II. (Sultân Abdülhamîd II., 1876-1909), letzter regierender Sultan des Osmanischen Reiches.

´Abdur-Rahmân ibn ´Auf, einer der zehn Prophetengefährten, denen schon zu Lebzeiten das Paradies versprochen wurde.

Abû Bakr (as-Siddîq), engster Vertrauter des Propheten und erster Kalif – möge Allah mit ihm zufrieden sein.

Abû Dharr (al-Ghifârî), für seinen asketischen Lebenswandel und sein große Frömmigkeit berühmter Prophetengefährte – möge Allah mit ihm zufrieden sein.

Abû Hanîfa (699-767), *„al-Imâm al-Azam“* („der größte *Imâm*“), bedeutender Rechtswissenschaftler aus der Stadt Kûfa im Irak, Begründer der nach ihm benannten hanafitischen Rechtsschule.

Abû Yûsuf (ca. 730-798), Imâm der hanafitischen Rechtsschule, bedeutender Schüler von Imâm Abû Hanîfa.

´Â'ischa (bint Abî Bakr), Tochter Abû Bakrs und Ehefrau des Propheten – Allah segne ihn, seine Familie und Gefährten und schenke ihm und ihnen Frieden!

´Alî ibn Abî Tâlib, Neffe und Schwiegersohn des Propheten – Allah segne ihn und seine Familie und schenke ihm und ihnen Frieden – und vierter Kalif.

´Aqaba, Ort außerhalb von Mekka, an dem sich vor der *Hijra* Muslime aus Medina mit dem Propheten trafen, um ihm die Treue zu schwören.

´Azîz Mahmûd Hüdâyî (gest. 1628), bekannter türkischer *Sûfî*-Meister, Lehrer und Ratgeber osmanischer Sultane, begraben in Istanbul im Stadtteil Üsküdar.

Bolu, Provinzhauptstadt der gleichnamigen Bergregion, östl. von Istanbul.

Evliya Çelebi (1611-1682), Weltreisender und Schriftsteller, Verfasser der *Seyahatnâme*.

Fadak, kleiner Ort zwischen Medina und Khaybar.

Fâtima (bint Rasûlillah), Tochter des Propheten und Ehefrau des ´Alî ibn Abî Tâlib.

Ibrâhîm, der Prophet Abraham – Friede sei auf ihm.

Jâbir (ibn ´Abdullah al-Ansârî), bekannter medinensischer Prophetengefährte – möge Allah mit ihm zufrieden sein.

Jâ´far as-Sâdiq, 702-765, Enkel von ´Alî ibn Husayn, dem Urenkel des Propheten – Allah segne ihn und seine Familie und schenke ihm und ihnen Frieden.

Jibrîl, der Erzengel Gabriel, Überbringer der göttlichen Offenbarung an die Propheten – Segen und Friede Allahs seien auf ihnen.

Khaybar, Oase ca 100 km nördlich von Medina.

Mahmûd Sâmî Ramazanoglu (1892-1984), türkischer Gelehrter, *Sûfî*-Meister und Lehrer des Verfassers.

Medina al-Munawwara, Medina, „die Erleuchtete", hier lebte der Prophet Muhammad – Allah segne ihn und schenke ihm Frieden – nach seiner Auswanderung (*hijra*) aus Mekka und hier befindet sich auch sein Grab.

Mekka al-Mukarrama: Mekka, „die Ehrwürdige", Standort der *Ka´ba*, des zentralen Heiligtums des Islam, und Geburtsort des Propheten Muhammad – Allah segne ihn und schenke ihm Frieden.

Muhammad (al-)Fâtih Khân (Sultan Fâtih Mehmet II., 1432-1481), osmanischer Sultân und Eroberer (arab.: *fâtih*) von Konstantinopel (Istanbul).

Muhammad asch-Schaybânî (ca. 750-805), Imâm der hanafitischen Rechtsschule, bedeutender Schüler Imâm Abû Hanîfas.

Mûsâ, der Prophet Moses – Friede sei auf ihm.

Qârûn, der biblische Korah.

Rumelien, europäische Gebiete des Osmanisches Reichs.

Rûmî, Maulânâ (türk.: Mevlana) ***Jalâluddîn***, berühmter *Sûfî*, Begründer des Mevlevi-Ordens.

´Umar ibn ´Abdul-´Azîz, für seine Frömmigkeit und Rechtschaffenheit berühmter Kalif aus der Dynastie der Umayyâden.

´Umar (ibn al-Khattâb), enger Vertrauter des Propheten und zweiter Kalif – möge Allah mit ihm zufrieden sein.

Sâlih, Prophet, der zum Volk der Thamûd gesandt wurde – Friede sei mit ihm.

Schâm, die Gegend um Damaskus: Syrien, Palästina, Jordanien, Libanon und Teile der Türkei.

Schiblî*, *Abû Bakr (861-946), berühmter irakischer *Sûfi*-Meister und Rechtsgelehrter der mâlikitischen Rechtsschule.

Sulaymân (türk.: Süleyman), der biblische Prophet und König Salomon – Friede sei mit ihm.

Sulaymân der Prächtige (türk.: Kanuni Süleyman, 1495-1566), berühmter osmanischer Sultan

Sumayya (bint Khayyat) – möge Allah mit ihr zufrieden sein – wurde zur ersten Märtyrerin im Islam, weil sie sich weigerte, ihrem Glauben abzuschwören. Ihr Ehemann Yasar erlitt bald darauf das gleiche Los.

Tabûk, Provinz und Stadt im Nordwesten der arabischen Halbinsel.

Ürgüp, kleine Stadt in der Provinz Nevşehir in Zentralanatolien.

Yunus Emre (ca.1241-1321), berühmter türkischer *Sûfi*-Meister und Dichter.

Hinweis zur Bibliographie

Da sich die Stellenangaben im Text größtenteils auf türkische Werke oder türkische Übersetzungen arabischer Werke beziehen, habe ich die entsprechende Bibliographie aus dem türkischen Originaltext beibehalten, wobei ich die Umschrift der Titel arabischer Werke der im Text verwendeten angepaßt habe. Darüber hinaus habe ich für den interessierten Leser unter der Überschrift „Literaturhinweise" eine Auswahl deutschsprachiger Werke aufgeführt.

Abd al-Hafidh Wentzel

BIBLIOGRAPHIE

Abdurrahman Güzel, Mustafa Tatçı, *Yûnus Emre*, Ankara, 1991.

Abdülbâkî Gölpınarlı, *Mesnevî ve Şerhi,* 6 Bde., Istanbul, 1973-1974.

´Abd al-Qâdir Geylânî, *El-Fethu'r-Rabbânî* [*Al-Fath al-Rabbânî*] (Türk. Übers.: Yaman Arıkan), Istanbul, 1987.

Abû Dâwûd, Sulayman al-Sijistânî, *Sunan Abî Dâwûd,* 5 Bde., Istanbul, 1992.

Abû al-Hasan al-Nadawî, *İslâm Önderleri Târihi,* 8 Bde., Istanbul, 1992.

Abû Nu´aym, *Hilyat al-Auliyâ',* 10 Bde., Beirut, 1967.

Ahmad ibn Hanbal, *Musnad* [*el-Müsned*], 6 Bde., Istanbul, 1992.

´Ali bin Hüseyin Vâiz-i Kâşifî, *Raschahât ´Ayn al-Hayât* (Hersg.: Ali Asğar Muîniyân), 2 Bde., Teheran, 1977.

´Ali Himmet Berkî, *Açıklamalı Mecelle: Mecelle-i Ahkâm-ı Adliye,* Istanbul, 1982.

´Ali Özek, Hayrettin Karaman, Ali Turgut, Mustafa Çağrıcı, İ. Kâfî Dönmez, Sadreddin Gümüş, *Kur'ân-ı Kerîm ve Türkçe Açıklamalı Meâli*, Medina, 1992.

Bayhaqî, Abû Bakr Ahmad ibn al-Husayn, *Schu´ab al-Îmân,* 9 Bde., Beirut, 1990.

——— *Sunan al-Kubrâ*, (o.D.) Dâr al-Fikr.

Bukhârî, Abû Abdullâh Muhammad ibn Ismâ´îl, *Al-Jâmi´ al-Sahîh* [*Sahîh Bukhârî*], 8 Bde., Istanbul, 1992.

——— *Târîkh al-Saghîr*, 2 Bde., Kairo, 1977.

Dârimî, Abû Muhammad ´Abdullâh ibn Abd al-Rahman, *Sunan al-Dârimî,* 2 Bde., Istanbul, 1992.

Daylamî, Abû Schujâ´ Schîrûya ibn Schahradâr, *Al-Firdaus bi-Ma'thûr al-Khitâb ´alâ Kitâb al-Schihâb*, Beirut, 1986.

Elmalılı, M. Hamdi Yazır, *Hak Dîni Kur'ân Dili,* 10 Bde., Istanbul, 1971.

Hâkim, Abû ´Abdullâh Muhammad ibn ´Abdullâh al-Nisâbûrî, *Mustadrak ´alâ al-Sahîhayn,* 5 Bde., Beirut, 1990.

Hasan Basri Çantay, *Kur'ân-ı Hakîm ve Meâl-i Kerîm*, 3 Bde., Istanbul 1996.

Hayrât Neşriyât İlmî Araştırma Merkezi Meâl Hey'eti, *Kur'ân-ı Kerîm ve Muhtasar Meâli*, Istanbul, 2001.

Haythamî, Hâfiz Nûruddîn ´Ali ibn Abî Bakr, *Majma´ al-Zawâ'id wa Manba´ al-Fawâ'id*, 10 Bde., Beirut, 1988.

Hunke, Sigrid, *Avrupa'nın Üzerine Doğan İslâm Güneşi*, Istanbul, 1991.

Ibn ´Abd al-Barr, Abû ´Umar Yûsuf ibn ´Abdullâh ibn Muhammad, *Al-Istî´âb fî Mâ´rifat al-Ashâb,* 4 Bde., Kairo, (o.D.).

Ibn ´Arabî, *Mischkât al-Anwâr – Nurlar Hazînesi*, (Türk. Übers.: Prof. Dr. Mehmed Demirci), Istanbul, 2001.

Ibn Hajar al-Asqalânî, Schihâbuddîn Ahmad ibn ´Ali, *Hady al-Sârî Muqaddima Fath al-Bârî Scharhi Sahîhi al-Bukhârî,* 28 Bde. (o.D.). Dâr al-Fikr, Hersg.: Muhammad Fu'âd Abd al-Bâqî.

——— *Al-Isâba fî Tamyîz al-Sahâba*, Ägypten, 1959.

Ibn Hibbân, Abû Hâtim el-Bustî, *Sahîh Ibn Hibbân,* 18 Bde., Beirut, 1993.

Ibn Hischâm, *Al-Sîrat al-Nabawiyya*, Beirut, 1992.

Ibn Kathîr, ´Imâduddîn Abû al-Fidâ, *Tafsîr Qur'ân al-Azîm*, 5 Bde., Beirut, 1988.

——— *Al-Bidâya wal-Nihâya*, 25 Bde., Kairo, 1993.

——— *Al-Sîrat al-Nabawiyya*, 4 Bde., Kairo, 1964.

Ibn Qudâma, *Al-Mughnî*, 9 Bde., Kairo, (o.D.).

Ibn Mâjah, Abû Abdullâh Muhammad bin Yazîd al-Qazwinî, *Sunan Ibn Mâjah*, Istanbul, 1992.

Ibn Sa´d, *Al-Tabaqât al-Kubrâ*, 9 Bde., Dâr Sâdir, Beirut, (o.D.)

Ibrahim Cânan, *Hadis Ansiklopedisi*, 18 Bde., Istanbul, (o.D.).

Imâm Mâlik ibn Anas, Al-*Muwattâ*, 2 Bde., Istanbul, 1992.

Imâm Rabbânî, *Maktûbât*, 2 Bde., Sirâc Kitabevi, Tıpkı basım, Istanbul, (o.D.).

Ismâil Hakkı Bursevî, *Rûh al-Bayân*, 10 Bde., Istanbul, 1969.

İsmail Hâmi Danişmend, *Eski Türk Seciye ve Ahlâkı*, Istanbul, 1982.

Kadir Mısıroğlu, *Külliyât*, Sebil Yayınevi, Istanbul.

Mahmûd Sâmi Ramazanoğlu, *Külliyât*, Erkam Yayınları.

Muhammed Es'ad Erbilî, *Mektûbât*, (Hersg.: H. Kâmil Yılmaz, İrfan Gündüz), Istanbul, 1983; Dîvân-ı Es'ad, Istanbul, 1991.

Muhammed Esed, *Kur'ân Mesajı* (Übers.: Câhid Koytak, Ahmet Ertürk), 3 Bde., Istanbul, 1999.

Münir Atalar, *Surre-i Humâyûn ve Surre Alayları*, Ankara, 1991.

Muslim, Abû al-Husayn ibn Hajjâj al-Quschayrî, *Al-Jâmi´ al-Sahîh* [*Sahîh Muslim*] (Hersg.: Muhammad Fu'âd Abd al-Bâqî), 3 Bde., Istanbul, 1992.

Nasâ'î, Abû Abd al-Rahmân Ahmad ibn Schu´ayb, *Sunan al-Nasâ'î*, 8 Bde., Istanbul, 1992.

Nawawî, Abû Zakariyâ Yahyâ ibn Scharaf, *Riyâd al-Sâlihîn*, Beirut, *Riyâzü's-Sâlihîn* (Türk. Übers. u. Kommentar: Yaşar Kandemir, İsmâil Lütfi Çakan, Râşit Küçük), 8 Bde., Istanbul, 1997.

Osman Nuri Topbaş, *Külliyât*, Erkam Yayınları, Istanbul.

Rûmî, Jallaluddîn, *Al-Mathnawî* [*Mesnevî*], siehe Abdülbâkî Gölpınarlı, *Mesnevî ve Şerhi,* und Şefik Can, *Mesnevî Tercümesi*

Sâdî Schirâzî, *Bostan*, Istanbul, 1995.

Sâdık Dânâ, *Külliyât*, Erkam Yayınları.

Suyûtî, Abû al-Fadl Jalâluddîn Abd al-Rahmân ibn Abû Bakr, *Al-Jâmi´ al-Saghîr*, Ägypten, 1888.

Şefik Can, *Mesnevî Tercümesi*, 6 Bde., Istanbul, 1997.

Tabarî, Abû Jâ´far Muhammad ibn Jarîr, *Jâmi´ al-Bayân ´an Ta'wîl Âyi al-Qur'ân*, Beirut, 1995.

Tirmidhî, Abû ´Îsâ, Muhammad ibn ´Îsâ, *Sunan al-Tirmidhî*, 5 Bde., Istanbul, 1992.

Wâhidî, *Asbâb al-Nuzûl al-Qur'ân*, Beirut, 1990.

Wâqidî, *Al-Maghâzî*, Ägypten, 1948.

Ziya Kazıcı, *İslâmî ve Sosyal Açıdan Vakıflar*, Istanbul, 1985.

LITERATURHINWEISE

Bilmen, Ömer Nasuhi, *Feinheiten Islamischen Glaubens – Islamischer Katechismus* [*Büyük Islam Ilmihali*], Übers.: Ahmet Erdem, Astec GmbH, 2004.

Bukhârî, *Sahih Al-Buhari – Nachrichten von Taten und Aussprüchen des Propheten Muhammad*, ausgewählt von Dieter Ferchl, Reclam Verlag, Ditzingen, 1991.

Denffer, Ahmad von, *Allahs Gesandter hat gesagt*, Haus des Islam, 1984.

Heeren, Fatima, *Zakat*, Hersg.: Islamische Gemeinschaft in Deutschland, 1978.

Hunke, Sigrid, Allahs Sonne über dem Abendland, Fischer Verlag, Frankfurt, 1991.

——— Allah ist ganz anders, SKD Bavaria Verlag, München, 2002.

Ibn Ishâq, *Das Leben des Propheten* [*As-Sîra an-Nabawîya*], Übers.: Gernot Rotter, Spohr Verlag, Kandern, 1999.

Lings, Martin, *Muhammad: Sein Leben nach den frühesten Quellen*, Übers.: Shukriya Ulrike Full, Spohr Verlag, Kandern, 2000.

Nawawî, Abû Zakariyâ Yahyâ ibn Scharaf, *Riyâd-us-Sâlihîn*, 2 Bde., 1. Bd. Übers.: Najat Gaston u. Tilmann Schaible, Dâr-us-Salâm, Garching u. SKD Bavaria Verlag, München, 1996; 2.Bd. Übers.: Dr. Gharieb M. Gharieb u. Nadeem Gharieb, SKD Bavaria Verlag, München, 2002.

——— *Vierzig Hadîthe*, Übers.: Ahmad v. Denffer, Muslim. Studentenvereinigung in Deutschl., 1996.

Qur'ân-Übersetzungen:

——— *Der Koran*, Übers.: Adel Th. Khoury, GTB Sachbuch, Gütersloh, 2001.

——— *Der Koran*, Übers.: Ludwig Ullmann, Goldmann Verlag, München, 1959.

——— *Der Koran – das heilige Buch des Islam*, Übers.: Max Henning, Hersg.: Dr. Murad W. Hoffmann.

——— *Der Koran, die heilige Schrift des Islam*, Übers.: Ahmad v. Denffer, Islamisches Zentrum München.

——— *Der gnadenreiche Koran*, Übers.: Max Henning, Reclam Verlag, Ditzingen, 1998.

——— *Die Bedeutung des Koran*, SKD Bavaria Verlag, München.

——— *Die Bedeutung des Qurans in deutscher Sprache*, Übers.: ´Abdullah as-Samit Frank Bubenheim und Nadeem Elyas, King Fahd Druckerei, Medina, 2004.

——— *Die ungefähre Bedeutung des Al-Qur'ân al-Karîm*, Übers.: Muhammad Ahmad Rasoul, Islamische Bibliothek.

Reidegeld, Ahmad, *Handbuch Islam*, Spohr Verlag, Kandern, 2005.

Schmiede, Achmed, *Das Leben des Propheten Muhammed*, DITIB, Ankara, 1988.

Topbaş, Osman Nûrî, *Der Islam – innere Wirklichkeit und äussere Form*, Übers.: Abd al-Hafidh Wentzel, Erkam Verlag, Istanbul, 2004.

——— *Der Prophet der Barmherzigkeit Muhammad – Szenen aus seinem Leben*, Übers.: Abd al-Hafidh Wentzel, Erkam Verlag, Istanbul, 2003.

——— *Ein Krug voll Wasser aus den Gärten des Mathnawî*, Übers.: Abd al-Hafidh Wentzel, Erkam Verlag, Istanbul, 2005.

Wentzel, Abd al-Hafidh, *Die Sunna*, Spohr Verlag, Kandern, 2. Auflage, 2005.

——— *Über die Zeichen der Endzeit*, Warda Publikationen, Hellenthal, 2004.